温柔管教

谢　普◎编著

台海出版社

图书在版编目（CIP）数据

温柔管教 / 谢普编著. -- 北京：台海出版社，
2024. 11. -- ISBN 978-7-5168-4036-8

Ⅰ. G78

中国国家版本馆CIP数据核字第2024JB6344号

温柔管教

编　著：谢　普

责任编辑：姚红梅　　　　　　　　封面设计：舒园设计工作室
策划编辑：兮夜忆安

出版发行：台海出版社
地　　址：北京市东城区景山东街 20号　　邮政编码：100009
电　　话：010-64041652（发行，邮购）
传　　真：010-84045799（总编室）
网　　址：www.taimeng.org.cn/thcbs/default.htm
E-mail：thcbs@126.com

经　　销：全国各地新华书店
印　　刷：北京一鑫印务有限责任公司
本书如有破损、缺页、装订错误，请与本社联系调换

开　　本：690毫米×960毫米　　　　1/16
字　　数：109千字　　　　　　　　印　张：10
版　　次：2024年11月第1版　　　　印　次：2024年11月第1次印刷
书　　号：ISBN 978-7-5168-4036-8

定　　价：59.00元

前　言

鲁迅先生曾说过:"孩子的世界,与成人截然不同,倘不先行理解,一味蛮做,便大碍于孩子的发达。"也就是说,父母在教育孩子时,应该打开孩子的心门,探究他的内心世界,放下姿态,温和地倾听孩子的想法。只有真正地了解了孩子的想法,才能"对症下药",对孩子进行有的放矢的教育,促进孩子的成长,给孩子一个美好、幸福的童年。

"孩子能够走多远,往往取决于曾经与父母走得多近。"良好的亲子关系对孩子的成长十分重要,从现在起,父母要远离暴力式沟通,遵循孩子的发展规律,用孩子喜欢并能够接受的方式,实现真正的有效沟通,成为孩子成长道路上的心灵伙伴。

本书从孩子的成长规律出发,结合真实案例进行具体分析,用七章内容为父母提供了一套行之有效的教育方法:告别独裁、学会倾听、赞赏有加、自我意识、告别吼叫、改变态度、重构关系。这是一本非常实用的育儿宝典,希望本书能够引领还在迷茫中的父母走上正确的育儿道路,以尊重、信任、坦诚的态度面对孩子,陪伴孩子快乐成长,让他们心怀梦想,健康成长。

愿你们都是温柔的父母,张弛有度;愿每一个孩子都被温柔相待,绽放光彩。

目录

第一章

告别独裁：你是独裁型家长吗

　　不可否认，父母都盼着自己的孩子有美好的未来。但问题是，我们不能因此忽视孩子的感受。要知道，逼着孩子去做不愿意做的事情，孩子也许会在高压之下选择顺从，却不会发自内心地认同，其结果就是亲子关系紧张与疏远。

家长越独裁，孩子越任性

著名钢琴家郎朗写过一本自传《郎朗，千里之行：我的故事》，他在书中回忆自己的童年时这样写道："爸爸以为我贪玩，没有准时学钢琴，歇斯底里地吼叫：'我为了你放弃我的工作，放弃我的生活！你还不练琴，你真是没理由再活下去了，只有死才能解决问题……'"说完这些话，爸爸真的拿出一个药瓶，让郎朗把里面的药片全部吞下去！虽说药片是假的，是维生素，但回想起过往种种，郎朗仍心有余悸。

面对来访者，郎朗当着父亲的面说道："每年的年三十，我也必须练完8小时琴再吃年夜饭，菜都凉了……小时候，父亲对我太激进了，其实那是对小孩的一种摧残。"

后来，郎爸爸看到了郎朗的书中所写，却似乎"想不起"那些事了。用他的话说："我也是该严的时候严，该松的时候松。我也曾经骑着摩托车带他去抓过蜻蜓啊！"

"就两次！"郎朗马上说明。

一脸窘迫的郎爸爸承认："当然，我也有把变形金刚踹了的时候！"

最后，郎朗对爸爸总结道："独裁！"

说起来，"独裁型家长"并不是一个新词。有人想，这有什么不好？

郎朗不是已经名满天下了吗？笔者在此告诫父母，千万不要把个案当成普遍规律，父母"独裁"，孩子未必成功，但肯定会给亲子关系造成伤害。

如今，大多数家长在教育孩子的时候总是以成人的眼光去要求孩子——什么事情该做、什么事情不该做，都是家长说了算，完全忽略了孩子的感受，而且抗议无效。因为大多数家长都存有一个念头，那就是——我这样做是为了你好！不可否认，父母都盼着自己的孩子有美好的未来。但问题是，我们不能因此忽视孩子的感受。要知道，逼着孩子去做不愿意做的事情，孩子也许会在高压之下选择顺从，但却不会发自内心地认同，其结果就是亲子关系紧张与疏远。

曾经有一个女孩子，学习成绩优异，其他方面的表现也不错，就是不愿意和父母说话。是什么阻碍了亲子交流呢？在心理医生的逐步引导下，女孩大哭着说出了自己的内心想法：

小学时，我成绩优异，一直担任班干部；初中时，征文屡屡得奖，然后我考上了最好的高中；接着考上了不错的大学，年年拿奖学金……我妈说，我让爸爸很有面子。

我从小被要求出类拔萃，做这做那，一直到现在。我不忍心让爸爸失望，也从没让爸爸失望过。但是在这个过程中，爸爸只是不断地要求我，而不是出于一个爸爸对女儿的爱……

女孩的爸爸一定不爱她吗？未必。只是他的教育方式太生硬，让孩子从感情上难以接受。生活中有很多家长，都习惯于这种独裁式教育。

或要求孩子做这做那，却从来没有问过孩子的感受；或为孩子做这做那，却没有问过孩子是否喜欢这样的安排。的确，爱之深、责之切，但在孩子看来，这不过是独裁和霸道，甚至会被看作投入与产出的关系。而这样做的最终结果，很可能是你对孩子再好，为孩子付出再多，孩子也不会从内心深处感激你，相反，还会对你怨声载道。

孩子为什么对父母不耐烦

著名教育家魏书生说过："走入学生心灵世界中去，你会发现那是一个广阔而又迷人的新天地，许多百思不得其解的教育难题都会在那里找到答案。"可是，在现实中，很多家长都遇到过这样的难堪：别说是走进孩子的内心，就是走近孩子的身边，他都会表现出十二分的不耐烦。

很多家长都有这样的困惑：孩子和同学、朋友甚至网友都能侃侃而谈，聊得津津有味，唯独对自己惜字如金，一天不超过三句话，三句话还是"嗯""好""知道啦"。一旦问得稍微多一些，孩子的话就会横着出来，把家长顶撞得哑口无言。

很多家长都有这样的感慨：不知道孩子在想些什么，也无法知道。孩子明明近在眼前，却仿佛远在天边，不可捉摸。家长迫切地想要把自己的担心和忧虑告诉孩子，也希望孩子把自己的内心所想及时反馈。可是，家长越是耳提面命、谆谆教导，孩子表现得越叛逆，甚至在内心垒起一堵高高的墙，根本不想让家长走进他的世界。

有一次，一位女老师问班上的一名女学生："你和父母的关系融洽吗？"女学生刚开始含糊地应付说"还行"，后来很无奈地说："老师，我现在和父母的沟通越来越少，每天回到家之后，我会把自己关在房间里，除了吃饭，都不怎么和父母说话。"

"这是为什么呢？"在女老师的追问下，女学生道出了实情："和他们说话，总像是在接受命令。他们不想了解我的心思，我也就不想和他们说了。"

看到这里，很多父母会深感诧异。因为他们认为自己做得很到位——衣食住行就不说了，而且天天跟孩子说，要好好学习，将来一定要有出息，千万别走某某的老路……这都是父母所说的"沟通"！难道这不是"沟通"吗？

还有家长认为：我整天跟孩子在一起，我陪着他写作业，我为他整理书包，被子都给他叠，难道这不是交流吗？

这恰恰是问题的关键所在，那些对科学育儿知之甚少的父母，会习惯性地将自己的"教训""命令""责骂"等同于沟通。事实上，这根本算不上沟通。沟通是双向、互动的，而父母习惯用单向的、带有指令的方式，给孩子下命令。

这导致了一种无法调解的对立：孩子总认为家长不了解自己，而家长却总是抱怨孩子不对自己说心里话。纵然家长苦口婆心，一腔热忱，孩子依然会感到困惑与无力、痛苦且焦灼。

沟通出现了断裂，教育自然难以为继。那么，孩子为什么不愿意和父母交流呢？很显然，一切都需要追溯到父母的教育理念和沟通方式上。

第一，这源自父母不能放手让孩子自己成长。很多父母喜欢事无巨细地替孩子考虑，很少在乎孩子的情绪，用强势来压制孩子。如此一来，孩子就会觉得父母不理解他，只为自己考虑，从而不愿对父母敞开心扉。

第二，缺乏教育针对性。很多父母喜欢用大众化的教育方式来教育孩子，喜欢盲目跟风，从来没有深入了解过自己的孩子，使孩子沦为各种花式育儿的试验品，无所适从。事实上，适宜的才是最好的，那些不相匹配的教育方式，只会让孩子不堪重负，感到疲惫和压抑。

第三，父母想当然，自以为是。很多父母在与孩子交流的时候，总是想当然，表面看上去是与孩子平等交流，实际上却习惯将自己的想法灌输给孩子，期望孩子听话。孩子不听话，那就是"不争气"。如此一来，孩子自然不愿意再和父母沟通。

第四，沟通方式有问题。妈妈的唠叨、爸爸的训斥，都是孩子极为反感的，可是大多数父母除了这两种方式就没有其他的沟通方式了，很难让孩子打开心扉。

怎样才能抓住孩子的心

欣欣是一个农村女孩，她的爸爸妈妈长年在外地打工，由于工作忙碌，又居无定所，只能把欣欣留在老家，由欣欣的爷爷奶奶来照看。当时想的是，这样做，一方面省得孩子跟着大人漂泊，另一方面也能给孩子提供一个好的成长环境。再说，平时爷爷奶奶在家照料好欣欣的饮食起居，爸爸妈妈隔三岔五地打个电话，欣欣也差不到哪里去。

这样的安排看上去不错，事实却并非如此。比如爸爸妈妈每次都希望能跟欣欣在视频里多聊聊，但每次都事与愿违：

"欣欣呀，最近在家乖不乖？有没有听爷爷奶奶的话？没让他们生气吧？"

"嗯。"

"最近学习怎么样呢？有没有考试啊？分数上去了吗？"

"还那样。"

"你们班主任老师有没有批评你啊？"

"……爸爸，奶奶想跟你说话。"

欣欣跟爸爸说不了几句话，就不耐烦了，索性喊奶奶来，自己则跑到一边看电视去了。

可想而知，欣欣的爸爸当时一定很沮丧，他很想跟孩子多说些话，但孩子根本不想理他。为什么？很重要的一点在于，他虽渴望与孩子进行良好的沟通和交流，但只想了解孩子的近况，忽视了孩子的内心。这样的话，当然也就抓不住孩子的"心"。

相较成人，孩子在和父母交流的过程中，更加在意父母是否重视自己的内心感受。如果在交流的过程中感觉不合拍，觉得父母关注的问题都是浅层次的问题，当然就不愿意同父母说话了。

家长应该了解，孩子在学习或者其他方面受到挫折后，会非常渴望从家长那里获得安慰，缓解苦闷。如果家长肯和子女多聊天，不但能帮他们疏解情绪，而且也能让他们从家长那里获得满足，这十分有利于孩子的成长。

事实上，大多数父母都应该深刻地反省自己，虽然父母爱子女的心从来都没有改变，但是处理问题的方式确实有待完善。比如当孩子在学校里受了委屈或者是学习上遇到困难向父母诉苦时，换来的往往是唠叨和批评。久而久之，孩子就不愿意同父母讲心里话了，他们宁愿跟朋友讲，甚至跟小猫小狗讲，也不愿跟父母讲。

家长遇到这种情况也不必过分焦虑，因为家长的焦虑很可能会投射到孩子身上。当孩子出现沟通问题时，家长只需了解真相，并在此基础上，适当调整自己的教育方式即可。

"乖孩子"不等于好孩子

父母都希望自己有一个"乖孩子",也总是夸孩子"乖",或者责怪孩子"不乖"。其实,"乖"与"不乖",都只是笼统的概念。乖孩子听大人的话,人人喜欢,在众人眼中就是"好孩子"。但这样的"好孩子"在性格上有不足之处,即缺乏自主、独立的精神。

孩子毕竟还小,他们的价值观、是非观还未形成,而父母的话恰恰又能够在孩子的潜意识中造成一定影响,甚至影响他们的一生。因此,父母在培养孩子时要特别注意,不要只顾纠正孩子的行为,而忽略了对孩子价值观、是非观的引导。

有些场景,在生活中并不陌生。比如一个男孩子淘气、不听话,惹家长生气了,家长马上会说:"你这么不听话,以后没有人会喜欢你!"家长希望孩子就此做个乖小孩,并自以为孩子会从此听话,却不知道这句话的危害所在。

确实,有些小孩子在听了父母所说的"大家都喜欢干净整洁的小孩""听话的孩子人见人爱""见到长辈主动问好,人家才会喜欢你"这类话后,态度会来一个180°的转变,真的变得比从前听话了,不跟家长顶嘴了,见到客人知道主动问好了,也爱干净整洁了。你仔细想一想,这样的改变,真的值得高兴吗?

认真一推敲,就会发现这样的教育其实是有漏洞的。张口闭口就对孩子说"你要怎样怎样，大家才会喜欢你"，很容易培养出一个迎合他人、没有自我，甚至见风使舵的家伙。

孩子在很小的时候，没有什么主见，他的人生观容易受到大人的影响。如果家长总是和孩子强调"你怎样做才能人见人爱"，那么孩子在潜意识中就会为了得到别人的夸奖而改变自己，他会像个"小大人"一样，懂得讨好别人，懂得按照世俗的价值观来行事，但并不明白好行为的真正意义。

如果照这样发展下去，孩子会变成什么样的人呢？他会变得不再天真，不再无忧无虑，而是像个成人一样，脑袋里想的是怎样迎合世俗、迎合他人，从而变得世俗和功利。虽然，家长起初的愿望只是为了让他变得听话。

等孩子再长大些，这种曲意迎合可能会导致他的从众心理更加明显，以至于将市侩的观点当作正确的观点。那个时候，他可能会这样说话："当老师有什么了不起，还不一样骑自行车上班？""用功读书没用，赚钱才是硬道理。"

所以，孩子"乖"也好，"不乖"也罢，都需要以一种健康的心态来引导。比如送给别人礼物，要告诉孩子，这样做的目的是表示谢意和尊重，是基于彼此的认可与基本的交流，而并不是为了得到某些特别的照顾。再比如，对孩子和同学的交往也要正确看待，不要用世俗的眼光和金钱去衡量。

孩子乖一点儿没什么不好，但不要把"乖"等同于"事事顺从"。

大家不妨去看看，那些从小就接受"听话教育"的孩子，是不是经常带着一脸委屈怯生生地站在人生舞台的边缘？是不是怎么鼓励，他们也难以站在人生舞台中央闪耀发光？他们是不是缺少创造力，同时执行力也不够？这不怪他们，自从他们被塑造成绝对的"乖"孩子，一个个毫无主见，只按陈旧的世俗观念行事的人就已经诞生了。

第二章

学会倾听：了解孩子的内心世界

在现实生活中，遇到孩子不听话，大多数父母只会大摇其头，大吐苦水：孩子究竟是怎么想的？他怎么什么都不肯告诉我？然后抱怨孩子不懂事。孩子或许真的不懂事，而父母呢，显然也不懂得科学育儿的那些事。想打开孩子的心门，探究他的内心世界，父母必须放下姿态，温和地倾听孩子的内心想法。

倾听比表达更重要

"知心姐姐"卢勤在她的《好父母，好孩子》一书中，讲过这样一个亲身经历的故事：

>　　每次孩子回家，总是兴致勃勃地给我讲幼儿园里的事，不管我爱听不爱听。儿子需要一个忠实的听众，而我是最合适的人选。
>
>　　遗憾的是，开始我没有意识到孩子的这个需求，总觉得听孩子说话，浪费了我写稿子或思考的时间。所以，每次孩子和我讲话，我总是做出很忙的样子，眼睛左顾右盼，手里还不停地翻动着书报。
>
>　　没想到，我的忙碌给孩子的语言带来了障碍。由于他是个思维很快的孩子，为了在有限的时间里把话说完，就讲得很快，慢慢地，讲话就变得结结巴巴。
>
>　　这引起了我的注意，我也开始改变自己，尽量抽出空来，倾听孩子讲话。

也就是说，父母能否耐心倾听孩子讲话，对孩子语言能力的发展有重要影响。相关科学研究也证明了，倾听比表达更重要。除此之外，对于那些不听话的孩子，父母也只有耐下心来，倾听他们说话，才有可能真正地了解其不听话背后真实的想法，进而引导他们，解决问题。

在现实生活中，遇到孩子不听话，大多数父母只会大摇其头，大吐苦水：孩子究竟是怎么想的？他怎么什么都不肯告诉我？然后抱怨孩子不懂事。孩子或许真的不懂事，而父母呢，显然也不懂得科学育儿的那些事。

想打开孩子的心门，探究他的内心世界，父母必须放下姿态，温和地倾听孩子的心声。且看下面的例子：

辰辰今年9岁，是一名小学三年级的学生，上课喜欢调皮捣蛋。对此，老师很头疼，父母更头疼，而且怎么教导都没有明显成效，辰辰依旧我行我素。

有一天，辰辰的妈妈在收拾辰辰的书桌时，无意中发现了一张夹在书里的纸条，字迹明显是辰辰的。纸条上写着：爸爸妈妈从来都不听我说话，不了解我心里想什么，不关心我。那一刻，学过儿童心理学的辰辰妈意识到，孩子调皮捣蛋，可能只是想引起老师的注意和父母的关心。

于是，等辰辰放学后，妈妈找他谈了一次话。

"辰辰，来跟妈妈聊会儿天，好吗？"

"你又要训斥我了吗？"

"不是，这次，你说，我听。"

"真的？"

"真的。"

"可是，说什么呢？"

"那就说说你为什么在学校调皮捣蛋的事吧，还有为什么会这么做？"

辰辰见妈妈很认真，也很认真地对妈妈说起了自己在学校里如何调皮捣蛋，还有为什么要如此做。跟妈妈猜想的一样，辰辰是不甘寂寞，急于引起老师的注意。

最后，妈妈笑着问辰辰："如果我们以后都能认真地听你说话、关心你，你是不是就不再调皮捣蛋了？"

辰辰点了点头。

这个例子再次告诉我们，每个不听话的孩子心里都有一个声音，只有愿意倾听的父母，才能够听见。没有人喜欢跟高高在上的人讲自己的心事，孩子更是如此。

尊重孩子的话语权

晓梅是个小学生，今年已经上四年级了。她原本是个活泼开朗的孩子，不过现在总爱一个人发呆。为什么会这样呢？晓梅的老师通过几次家访，才了解到晓梅性格转变的原因。

原来，以前晓梅有个习惯，那就是每天放学回家之后，都会兴高采烈地把学校里发生的趣事说给父母听。一开始，父母还有些兴趣听她说。后来听得多了，就觉得无趣了。另外，晓梅一天天长大了，学习变得越发重要，所以父母逐渐只关心她的学习，对她说的那些话毫无兴趣，甚至觉得那些话一点儿用都没有，说那些简直就是在浪费时间，会不由自主地阻止晓梅继续说下去。刚开始的时候，父母还比较温柔，说："好了，不要说了，去看书吧，乖！"晓梅虽说不理解，但也只好悻悻地回到自己房中。

有一次，晓梅又忍不住说起了班级里发生的事情，正说得兴高采烈时，性格本来就有些粗暴的爸爸突然打断她，说："跟你说过多少次了，让你别那么多废话，你还说，有完没完啊！写作业去！"晓梅被吓到了，没说完的话也不敢说了，一个人心惊胆战地回到自己的房间，作业也没心思写。

后来，晓梅在家里的话越来越少，性格越来越沉闷，成绩也受到影响。

　　晓梅这样的情况并不少见，很多父母都不太尊重孩子的话语权和表达权，通常都是应付几句，敷衍了事。赶上心情不好，还不免像晓梅的爸爸那样发一通无名火。这种做法是非常不妥当的，不加以改善，势必会影响亲子关系以及孩子的性格等。

　　更为重要的是，话语权得不到尊重的孩子，慢慢地就会知难而退，不再跟父母分享自己日常生活和学习，作为父母也就很难了解孩子心底真实的想法，这对孩子的教育也是非常不利的。下面的例子，揭示的就是这个问题：

　　　　赵小刚9岁了，上小学三年级。他天生安静内向，很少主动找父母说自己的心事。有一次，数学考试成绩不及格的赵小刚被老师当着全班同学的面批评。小刚很伤心，回到家，很想跟爸爸说说这件事。

　　　　"爸爸，我有事想跟你说。"赵小刚怯怯地说。

　　　　小刚的爸爸也没想想平日很少跟他说自己事情的儿子今天为什么这么急着要同他说事，就急忙说："学校里的事情吧？不是说了吗，不要每天回来就讲你们学校的事情。"

　　　　"可是，爸爸……"

　　　　"好了，小刚，爸爸很忙，给你赚钱呢，去写作业吧！"

　　　　小刚默默地回到自己的房间。想想白天发生的事情，他忽然很怕再上数学课。

　　　　此后，小刚一上数学课就担惊受怕，数学成绩也一落千丈。

　　试想一下，在那天放学后，如果小刚的爸爸没有以忙为借口不听小刚的倾诉，而是耐心倾听，积极引导，那么事情又会是怎样的呢？也许小刚的数学成绩还是平平无奇，不上不下，但是至少，小刚不会那么无助，那么恐惧数学。

　　事实证明，家长不尊重孩子的话语权，想打断就打断，一方面不利于孩子语言能力的发展，另一方面也容易让孩子产生自卑心理。下面总结了一些家长习惯性的不当行为，可以对照一下，你是否也有类似问题：

　　（1）家长从来都不注意响应孩子倾诉的需求，当孩子主动找家长说话的时候，家长总是以忙为理由不愿意去倾听。

　　（2）当孩子兴致勃勃、滔滔不绝地讲话时，家长总是习惯性地将其打断。

　　（3）家长能够在生活方面将孩子照料得很好，但在真正平等地对待孩子、维护孩子自尊方面做得不够。

　　（4）当孩子在学习和生活上有什么问题时，家长不愿意听他们的倾诉，更不愿意帮他们分析原因。家长有时根本不等孩子把话说完，轻则呵斥，重则打骂，孩子只好将心里的话咽回去。

　　人和人之间的沟通，无非就是倾听和诉说。想要孩子敞开心扉和自己对话，先从尊重孩子的话语权开始吧！

耐心听孩子把话说完

每个孩子都有自己的心声，但他们年纪小，表达能力有限，存在着诸多障碍，作为家长一定要耐心倾听，这样才能真正了解孩子的想法和感受。

通常情况下，父母不会忙到连听完几句话的时间都没有，他们只是没耐心，至少是觉得他们正在做或者要去做的事情远比孩子的小事情更重要。但是，就算真的很忙，父母也要和孩子说明，并约定可以交流的时间，比如晚上或者周末。

交流过程中，如果家长在某一重要原则上不同意孩子的看法，不能粗暴打断，或者强令孩子放弃。要告诉孩子，自己并不是对他的所有观点都反对，而是只对其中的一些或某一个观点反对，并且有足够的理由。孩子如果反驳，不要马上叫停，应该等孩子说完他要说的话，再作评断。即使孩子说得不对，也要控制住火气，不妄下定论。

网上有这样一个颇具启发意义的小故事：

一位妈妈问她5岁的儿子："假如妈妈在和你一起出去玩时渴了，一时又找不到水，而你的小书包里恰好有两个苹果，你会怎么做呢？"

儿子小嘴一张，奶声奶气地说："我会把每个苹果都咬一口。"

虽然儿子年纪尚小，不谙世事，但妈妈对这样的回答，心里多少有点儿失落。她本想对孩子训斥一番，然后再教孩子该怎样做，可就在话即将出口的那一刻，她突然改变了主意。

她握住孩子的手，满脸笑容地问："宝贝，能告诉妈妈你为什么要这样做吗？"

儿子眨眨眼睛，满脸童真地说："因为……因为我想把最甜的一个留给妈妈！"

那一刻，妈妈的心里欣慰极了，她在为儿子的懂事而自豪，也在为自己给了儿子把话说完的机会而庆幸。

来看一个反面案例：

欣欣5岁了，是一个活泼可爱、讨人喜欢的小姑娘。欣欣每天从幼儿园回来总是叽叽喳喳地说个不停，妈妈也总是很愿意听欣欣说。母女俩有问有答，有说有听，不亦乐乎。

这个暑假，欣欣跟着妈妈去了乡下的姥姥家，在那里，她看到了很多令她兴奋的事情。刚回到家里，她就跑到爸爸的书房，她很想把在乡下遇到的事情都告诉爸爸。

"爸爸，我跟你说，我看见萤火虫了，一闪一闪的，很漂亮的。"欣欣一边说一边还挥动着手臂，做了一个飞翔的姿势。

"哦。"爸爸继续把头埋在自己的文件中。

"爸爸，我还看到了核桃树、苹果树、桃树，很多树，至少有100棵。"欣欣看爸爸连头也没有抬一下，兴致全无。

"哦。"爸爸还是继续看他的文件。

　　欣欣站在桌子旁边，看了爸爸好久，觉得自己好多余，最后泪眼汪汪地走了出来。

　　在孩子有话要说时，家长要更有耐心。因为我们都知道，孩子对世界充满好奇，他的脑子里也经常充满各种稀奇古怪的问题。我们不仅不应该忽略这一点，还应该有意识地鼓励孩子多问几个"为什么"。而大多数父母，在孩子开始说的时候通常是很有耐心的，可如果孩子接二连三地说或提出问题，就会不耐烦了，继而粗暴地打断孩子，不让孩子再讲下去。这种做法不仅极大地伤害了孩子的好奇心，也切切实实地伤害了孩子幼小的心灵。

允许孩子有自己的想法

很多父母认为，培养孩子的独立性极其重要。没错。那么独立的第一步从哪里开始呢？那就是父母应该允许孩子有自己的观点和看法，并且鼓励孩子说出来。当孩子的观点和自己的想法有冲突时，还要尽量包容，鼓励孩子与自己争辩，讲清他的道理。

孩子与父母争辩，往往被父母视为"不乖"，或者"翅膀硬了"，其实不然。当一个人对很多事情开始有了自己的想法时，说明他开始了独立思考。一个孩子说出自己的想法的时候，往往也是他调动自己的思维能力和加深对周围事物理解的过程。一个孩子能与父母争辩，往往也意味着他自我意识的不断增强和心智的日益成熟。

因此，千万不要阻止孩子说话，因为阻止他说话相当于阻止他思考，阻止他成熟。

没有一个孩子的思想是在一夜之间成熟的，他需要一个成长和提高的过程，在这个过程中，他很渴望说出自己的想法，有时候也难免会和父母发生争论，这就要求父母调整好自己的心态，不要为了维护自己所谓的"权威"而头脑发昏。下面故事中的爸爸，处理这类状况时的表现就不太妥当。

军军今年刚上初一，他是一个活泼好动的男孩，特别喜欢体育运动，尤其是踢足球。但是军军的爸爸不怎么支持孩子踢球，认为踢球会耽误学习，所以时不时地敦促他好好学习。潜台词则是：别老想着踢球！

这天，军军和几个小伙伴去踢球，回家稍微有些晚了，他害怕挨骂，想和小伙伴们分开走，但刚走到路口，却看到爸爸已在等他。爸爸看到他的第一句话就是："成绩不怎么行，玩起来倒是很有劲，我看你将来怎么考大学？"

爸爸的话让军军很没面子，他争辩道："我今天的作业都完成了。我很久没有痛快踢球了，今天破例晚一点儿，你不用这么生气吧！"

"今天破例，明天破例，以后就不用学习了。我生气还不是为你好，你还敢在外人面前跟我顶嘴，翅膀硬了是不是？都不知道你以后想怎样！"

"爸爸，你根本就不知道我在想什么！"

军军闷闷不乐地回到家，完全没有了先前的愉悦。

孩子有自己喜欢的娱乐活动，这本来是再正常不过的事情，但是很多家长却认为这是不务正业，每每不由分说地对孩子大加责备。就像例子中所展现的，明明军军已经向爸爸表明了自己是以学业为重，在做好作业之后才去踢球的，而且已经很久没踢球了，但是爸爸因为反感孩子踢球和顶嘴的行为，完全不顾及孩子内心的想法，就断定他是在动摇自己的家长权威，马上拼凑出几大"罪状"，又是当下，又是未来，总之孩子就是不对，因此引发了父子之间的矛盾。

想想看，即使军军做出了重大改变，从此不再踢球，但爸爸不知反省，亲子关系会有本质上的改善吗？

在亲子沟通中，最忌讳的事情就是拿家长的权威去压迫孩子。在这种情况下，孩子顺从与不顺从都不好。很多时候，孩子可能会迫于家长的权威，说一些违心话，甚至不惜撒谎，以赶紧渡过面前的难关。

18岁的杨志刚马上要考大学了，对于自己未来学什么专业，小伙子早有打算：他准备报考社会学，将来更好地服务社会。因此，当爸爸问他要报什么专业时，他不假思索，脱口而出社会学。

爸爸听了，半天才轻轻说了一句："这个专业很不好就业，希望你慎重考虑一下金融学。"说完转身回自己的房间了。然后，房间里就传来爸爸和妈妈争吵的声音。

原来，妈妈支持孩子的决定，爸爸却强烈反对，希望儿子能去学就业前景比较好的金融学。刚开始，爸爸妈妈还只是偶尔争吵，后来争吵的次数越来越多。

有一次，志刚实在受不了了，就对爸爸妈妈说："好了，你们不要吵了，我想了一下，觉得金融也不错，就报金融学吧！"

爸爸听了欣慰不已。

殊不知，这只是他的一个"谎言"，他最终还是坚持自己的喜好，在填报志愿时填写了社会学。当爸爸得知真相后，生气了好久，他想不到儿子竟然敢"欺骗"他。但是，志愿已经报了，他也无可奈何。

　　这样的事情大家想必都不陌生。每年的高考季，我们都能看到、听到一些相关事例。父母对孩子有所期待并不为过，孩子有自己的想法与追求也合情合理，重要的是父母要有耐心，确保沟通通畅。只要沟通还通畅，父母与孩子之间就没有解决不了的矛盾。

第三章

赞赏有加：让孩子信任并接纳我们

有一位哲学家说，鼓励是自信的酵母，夸奖是自信的前提。要让孩子变得更加优秀，最有效的方法就是及时地夸奖和鼓励他。正确的夸奖能使孩子树立信心，让孩子相信自己拥有变得更好的能力。当一个孩子具备了这种乐观的精神与思维方式的时候，学业或事业都不再是难事。

罗森塔尔效应的教育启示

罗森塔尔是美国著名心理学家，他和他的团队做过这样一个实验：

罗森塔尔和他的团队来到一所小学，他们从一年级到六年级中各随机挑选了3个班，然后对这18个班级的学生进行了所谓的"未来发展测试"，但罗森塔尔根本没有进行这个测试。在这之后，罗森塔尔用赞许的语气将一份"最有发展前途者"的名单交给了学校的老师，并叮嘱他们对学生保密，以免影响实验结果。在这里罗森塔尔其实对学校撒了一个谎，因为名单上的学生只是随机挑选出来的。

8个月后，罗森塔尔对这18个班级的学生进行复试，结果发现凡是在名单上记载的学生的成绩都有了较大进步，并且性格开朗，且富有求知欲。

为什么会出现这样的现象呢？

这是因为罗森塔尔是著名的心理学家，在美国有相当高的知名度，是人们心中的权威，老师们对他的话都深信不疑，因此就对他指定的那些学生充满了信心，经常称赞他们。而那些学生也感受到了这种期望，认为自己确实聪明，从而提高了自信心。在两方面因素形成的合力作用下，他们真的成了优秀的学生。

称赞会给人极大的鼓舞，在小孩子身上体现得尤其明显，而父母的表扬与其他人相比，产生的作用会更大。心理学家们经过实验发现，孩子会在无意中按父母的评价强调自己的行为，以期得到父母的表扬和认可。生活中，有很多细节都能展现这一点。

有一次，我去一位朋友家，女主人正在擦桌子，她2岁多的小孩子马上蹭过来，也学着妈妈的样子，手拿一块布，在桌子上抹来抹去。其实，这么小的孩子完全没有做家务的概念，他只是单纯地模仿而已。但这位聪明的母亲知道其中的重要性，她马上抓住了这样一个夸奖孩子的机会，说："小威真懂事，这么小就想帮妈妈擦桌子，谢谢你！"小威听到妈妈这样讲，马上来了精神，在桌子上抹得更带劲了。不仅如此，妈妈在擦完桌子之后，还指点孩子："以后擦桌子的时候要注意，这些边边角角也都擦干净，就更好了。"孩子高兴地点点头。

可以预见，小威在妈妈的引导下，一定会越来越优秀。在日常的教育中，家长应该对自己的孩子多一些表扬，少一些批评，不要动不动就拿别人家的孩子说事儿。须知别人家的孩子可能真的很优秀，但把自己家的孩子引导成优秀孩子才是最重要的。

对孩子的一些想法和行为，家长不能按成人标准来判定，应该站在孩子的视角，发自内心地赞美孩子，比如"你真棒，我小的时候可没有你这样有创意"等。这样，孩子的进步速度会越来越快，孩子也会把家长当作自己生活中的良师益友。反过来说，一味地指责甚至是狠狠地训斥孩子，孩子的无限潜能就会被家长的指责和训斥声所淹没。

　　哲学家说，鼓励是自信的酵母，夸奖是自信的前提。要让孩子变得更加优秀，最有效的方法就是及时夸奖和鼓励。正确的夸奖能使孩子树立信心，让孩子相信自己拥有变得更好的能力。当一个孩子具备了这种乐观的精神与思维方式的时候，学业或事业成功都不再是难事。

　　可是有的家长会有这样的顾虑：一味地夸奖孩子，孩子骄傲了怎么办？如果今后听不了批评的话怎么办？孩子将来不听话很难教怎么办？

　　这些顾虑很正常，而且这些现象也的确会有。夸奖孩子其实是有要领的，有的方面一定要夸，而有的方面一定不能夸。夸奖是技术，更是艺术。

　　在我们小区，有这样两个小女孩。

　　一个小女孩长得很漂亮，所有的人看到她都会赞不绝口："真是太漂亮了！"这种话听得多了，小女孩便以此为傲，慢慢地添了很多坏习惯，整天不停地照镜子，头发每天一洗三梳。父母意识到不太对劲，就提醒孩子把心思放在学习上，但孩子的观念已经形成了，很难改变。

　　另一个小女孩非常聪明，可以背很多英语单词。有一天，家里来了客人，奶奶对小女孩说："我们念英文给叔叔阿姨听好不好？"小女孩点点头。奶奶就问小女孩"苹果"的英文单词怎么说，小女孩马上说"apple"；又问"雨伞"的英文单词怎么说，"房子"的英文单词怎么说，"山"的英文单词怎么说，等等，小女孩都是对答如流。大家不住地称赞她，这时，小女孩却突然对奶奶说："奶奶，你知道'大象'的英文单词怎么说吗？"奶奶愣了一下，说："我怎么可能知道？"没想到，小女孩当着众人的面对奶奶说了一句："奶奶，你怎么这么白痴啊！"

上面例子中的两个小女孩，都是因为听众人的夸奖太多了，以至于忘乎所以，不仅自视甚高，甚至看不起长辈，这就有悖我们夸奖的初衷了。

我们夸奖孩子，为的是让他们更加健康地成长，所以夸奖应该侧重于孩子的好习惯、好态度、好品格。比如一个孩子天天坚持写日记，得到夸奖之后，会坚持得更好；一个孩子很懂得让着自己的小弟弟，得到夸奖之后就会变得更加懂事。而对于孩子的天分、长相这些方面的优点，就不需要一次次地夸奖，要适可而止。

可以批评，不要否定

夸奖需要适可而止，批评当然要更加慎重。尤其是不讲方法的批评，对孩子的打击往往难以估量。所以，教育学家们反复告诫家长，即使是在盛怒之下，也不要没头没脑地指责孩子。至于那些看上去很"坏"的孩子，实则更需要家长的关爱。

一位记者朋友曾经讲过一个男孩子的事例，他是一名少年犯，15岁时被关进了少管所。朋友通过采访，了解到男孩子的成长经历，觉得他非常可怜，也非常遗憾。

这孩子小时候确实顽皮，但也不是没有优点，起码他的运动天赋很高，智商也很高，不然想不出那么多歪点子，搞不出那么多恶作剧。但因为常常在闯祸后受到父亲的打骂，在班里也常被老师当着全班同学批评、讽刺与嘲笑，慢慢地，他开始处处与老师对着干，不久就被校长在全校点名批评，回家后再次被家长打骂，于是便自暴自弃，最后成了少年犯。

"一个孩子在成长中没有遇到一点儿爱的温暖，却总是遭遇到充满恶意的批评，试问他怎么能改掉自己的毛病呢？"这位记者朋友在报道中写道。

是呀，成人犯错都是难免的，更何况是孩子！如果家长只会打孩子，学校老师也总是批评孩子，孩子得不到鼓励和支持，没有得到别人的一点儿理解，他只会消极，只会觉得自己永远不可能改过来，那他就会彻底地放弃自己，铤而走险，图一时欢乐去做任何事，包括违法犯罪。因此，作为家长，在教育孩子的过程中，别总是着急否定孩子。每一次的否定都是在把孩子往歧路上推。

家长用心良苦，目的都是想把孩子教育成才，但简单、粗暴的责骂不等于教育，更不能使孩子从心底认识到自己的错误，体会到家长对自己的关怀，而且最容易引起孩子的反抗。这种叛逆心理一旦形成，就会造成家长和孩子间的隔阂和冲突——孩子会在情绪的左右下，越来越不听话，越来越叛逆，你越是批评他，他就越是要和你对着干……家长，又何尝不是被情绪绑架了呢？

对于孩子来说，其由于心理不成熟，自我约束力差、自我纠错能力差，所以在成长过程中不但错误百出，而且可能经常犯同样的错误。有些家长对孩子过于苛刻，孩子一出错，就不停地批评孩子，意图把孩子"骂"醒。但不管怎么骂，都是一种伤害，结果也不可能是你想要的。

没有人喜欢一直被否定，孩子尤其如此。因此在批评孩子的时候，不妨换一种方式，试试"三明治"法，这样孩子就比较容易接受。所谓"三明治"法，是指把批评的内容夹在表扬之中，从而使受批评者愉快地接受批评。这种方式就如三明治，第一层是认同、赏识、肯定对方的优点或积极面；中间这一层夹着建议、批评或不同观点；第三层是鼓励、希望、信任、支持和帮助。这种方法不仅不会挫伤受批评者的自尊心和积极性，而且还会使其积极地接受批评，并改正自己不足的方面。

　　此外，家长在批评孩子的时候，一定不要攻击孩子的人品和性格，不然就会把原本简单的事情复杂化。说白了，就是在任何情况下，都要做到对事不对人。

不要吝惜对孩子的欣赏

很多家长可能想不明白：孩子为什么一定要得到赞赏呢？这是教育中一个很必要的手段吗？作为家长如果想弄清楚这个问题，可以先换个角度想想。

试想一下，假如你今天在公司认认真真地做了一份策划书，被同事们大加赞扬，你会怎么想呢？会不会感到很欣慰：我的努力没白费。

再想一下，假如你今天烧了可口的饭菜，家人很喜欢吃，并且在吃完之后，满足地说："嗯，今天的菜做得真好！"你会不会特别高兴，下次会更加兴致勃勃地为大家做一顿丰盛的美味？

大人有这样的心理，孩子也一样，他们很需要得到家长的欣赏和认可。也可以这样说，想要鼓励是每一个人的自然需求，很少有人受到批评之后还会很开心。而孩子幼小的心灵更需要受到鼓励，他们期待着鼓励，就好比花草树木期待雨露一样。鼓励能够使孩子的信心高涨，让他们变得更加努力、上进。

著名教育家陶行知曾经指出："教育孩子的全部秘密就在于相信孩子和解放孩子。"

著名的成功学大师拿破仑·希尔也在书中讲过自己的亲身经历：

他说，自己从小就被认为是一个坏孩子。无论家里出了什么样的倒霉事，大家总是认定是他干的，甚至连他的父亲和哥哥都认为他很坏。父亲认为，母亲很早过世、没有人管教是希尔变坏的主要原因。对于希尔来说，这些其实无所谓，反正大家都这样认为，那就当个坏孩子吧！

直到有一天，父亲再婚，继母站在希尔面前，希尔却像个枪杆一样站得笔直，双手交叉叠在胸前，目光冷漠，没有一丝欢迎的意思。

"这是拿破仑，他是全家最坏的孩子。"父亲这样将他介绍给继母。

继母看到他后，眼睛里却闪烁出光芒，她把手放在希尔的肩膀上，微笑着说："最坏的孩子？一点儿也不，我看他是全家最聪明的孩子，我想我们一定可以把他至诚的本性诱导出来。"

一番话把希尔说得心里热乎乎的，眼泪都要掉下来了。因为在此之前，从来没有一个人称赞过他。他的父亲、家人和邻居都认定他就是个坏男孩，但继母的赞赏改变了希尔，他一辈子都不会忘记继母将手搭在他肩上的那一刻。

每个孩子内心深处都渴望被肯定、被欣赏，就好比植物需要浇水一样。这是人性，成年人和未成年人也一样。所以家长不要吝惜你对孩子的欣赏。你的每一次肯定和赞赏，都是在给孩子创造改变人生的契机。

具体该怎么赞赏呢？我们看一个具体的例子：

小胖说："爸爸，等我长大了，我要在海边给你买一栋别墅，让你住在里面，每天都能看到大海。"

爸爸说："你现在不要想那么多，好好学习就行了。只要你学习好，爸爸就很高兴了。"

看了上面这个例子，不知你作何感想。例子中的爸爸或许并没有想过自己的这句话是否会打击孩子的积极性、进取心，但是换位思考，不难发现，孩子听到之后心里该会是多么失望！

如今的家长，对孩子都寄予了太多的期望，总是希望孩子能朝着自己期望的方向发展，总是绷着一根望子成龙、望女成凤的弦，丝毫不放松。孩子进步了，赶紧提醒他不要骄傲，总是担心一点儿小小的成绩会让他忘乎所以。岂不知孩子如此努力，内心里想要的只是一句欣赏和肯定。没有这句话，他就没有动力。有了你的肯定，他才有可能给你带来更多的惊喜。

假如爸爸在听到小胖那个美好的心愿之后，这样说："小胖，你真是爸爸的好儿子，爸爸等着你给我买别墅，爸爸相信你一定能够做到。"简单的一句话，没有任何大道理，但对于年幼的孩子来说，完全是两个天地。

所以，从现在开始，把对孩子的赞美淋漓尽致地表现出来吧，别再吝惜对孩子的赞赏。

挖掘孩子身上的闪光点

教育学家在研究过程中发现了这样一个现象：大人总是对孩子的缺点非常敏感，对孩子的教育也往往以"纠错"为主。

然而，这种教育在很大程度上压抑了孩子的个性。新时代需要有个性、有自信的孩子，而这样的孩子大多是在激励和赏识的教育中培养出来的。这就需要家长有整体意识，多看孩子的优点，找到并赏识孩子的闪光点，孩子才有可能在将来真的闪闪发光。

斌斌是一个让老师和家长都非常头疼的孩子，从上初一起就调皮捣蛋，不遵守课堂纪律。在家里，他似乎也很叛逆，喜欢跟爸爸唱对台戏。

"你这孩子，在学校不好好表现，我的脸都让你丢尽了！"在又一次被老师请到办公室谈话之后，爸爸一回到家，就对斌斌大声嚷嚷。

"总是这么不争气，看我今天怎么教训你！"爸爸十分恼火，想要惩罚一下斌斌。这时妈妈走了过来，劝住了爸爸，将斌斌拉到一旁进行教育。

"斌斌，跟妈妈说说，你为什么要在学校打人呢？我知道你在学校虽然有些调皮，但却不是一个爱打架的孩子。"

"今天课间的时候，小月因为不给莫风抄作业就被他打了，当时小月的脸都青了。我是小月的朋友，看到好朋友受欺负气不过，就出手替她打抱不平。"斌斌说道。

"原来是这样。你这样做，也算不上错，看到同学被不讲理的人欺负，是应该帮助的。但是你的做法太鲁莽了，只要你打人了，就算你有理，在别人眼中也是错的。以后再有这种事，可以想想其他更温和的方式。"

听完妈妈的话后，斌斌觉得很受用，也认识到了自己的错误。

育儿的关键一课，就是学会欣赏孩子，善于发掘孩子的闪光点，而不是一味地埋怨和批评。找到孩子的闪光点，就能恰当地进行评价和表扬，让孩子在温暖和关爱的氛围中受到鼓舞和启发，尽快改正缺点，发扬长处，成就其更加精彩的人生。

每个孩子身上都有闪光点，只是有的孩子的闪光点是天生就有的，有的孩子的闪光点是后天培养起来的。而且，家长要明白，比起孩子能力上的闪光点，孩子身上表现出的道德方面的闪光点，更值得欣喜，而且对于孩子的人生发展有着重要的作用。

再小的进步也应该被奖赏

每个孩子都像是一块尚未雕琢的璞玉，都有成为人才的可能性。将来这块玉是大放光彩，还是失去光芒，父母教育发挥着重要作用。

聪聪今年已经读小学六年级了，可他的字一直写得很潦草。为了帮助聪聪写好字，妈妈在征得聪聪的同意之后，给他报了一个书法兴趣班。刚开始的时候，聪聪还很有耐心，刻苦地学习和练习，可过了不久，他学习的兴趣慢慢减弱，在练习方面也远不如原来刻苦了。

一天，妈妈见聪聪正漫不经心地练习着，便不失时机地问道："儿子，最近感觉怎么样？学书法有用吧？"

"有什么用啊？用毛笔练字真累，我是越来越没有耐心了，而且，用毛笔写好了未必能用钢笔写好，我不想学了。"聪聪抱怨道。

妈妈听完，没有马上反对，而是拿过聪聪的练习本，仔细一看，说："很不错嘛，你的字明显比以前进步了。你最近的作业我也看了，字迹清晰，结构合理，比以前好很多了啊，你怎么说没用呢？"

聪聪听后，虽然有些怀疑，但心里十分高兴，一下子又找到了学习的热情，接着练了起来。

古人说，十年树木，百年树人。事实上，孩子的进步是阶段性的，是需要时间的，父母应该充分明白这一点，给孩子的成长以充足的时间，赏识孩子的每一个进步。只要孩子比原来有所进步，就要及时给予肯定和赞扬，这对孩子来说是一种很大的鼓舞，会让孩子在进步的道路上不断前行。

但很多父母却受一些浮躁的教育理念影响，常常对孩子要求过高，且急于求成，因此很难看到孩子的微小进步，看到了也不屑一顾，甚至当孩子没有达到自己的标准时，就全盘否定孩子的进步，这其实是非常错误的做法。

父母要记住一句秘诀，并且经常对孩子说："你每天都在进步。"这句话看似平淡无奇，但对于成长中的孩子，尤其对于看起来没什么进步的顽童来说，是一种巧妙且积极的鞭策。要知道，人心是非常微妙的，别说是孩子，就是大人，也往往是受到什么样的评价，就会变成什么样的人。

每个孩子都是不断成长的，从不成熟到成熟，需要经历一个漫长的过程。在孩子看来，自己前进路上的每一步都是不容易的，只要做好了，父母就应该高兴，就应该表扬自己。在家庭教育中，父母应该读懂孩子的这种心理，珍视孩子的进步，学会欣赏孩子，因为这不仅影响到孩子学习和做事的效果，还会影响到孩子对人对事的态度。

春星的成绩在班级里总是垫底，同学们都瞧不起他，他自己也放弃了。可是，春星的妈妈却一直不放弃，坚持鼓励孩子努力学习，打好翻身仗。

"春星，你能做到每一次考试进步一个名次吗？这次是倒数第一不要紧，我只要求你下次考到倒数第二就可以了。"

就这样，在妈妈的鼓励下，春星一点一点地进步着。五年级下学期期末时，他不再位列班级倒数第十名了。可是，刚上了小学六年级，春星又考了一次班级倒数第一，他很沮丧。

"不要这么沮丧，你看你这次的数学成绩可是考了一个前所未有的高分哦！"春星的妈妈对孩子说道，"不要放弃，下一次可以考得更好的。"

就这样，春星在妈妈的鼓励下重拾信心。到六年级上学期期末时，他的成绩已经排在班级中等位置了。

古人说，不积跬步，无以至千里。没有细小的量的累积，也就没有质的变化。我们要相信，没有一个孩子注定是顽石。只要父母留心孩子每一次微小的进步，并用一种赏识的眼光去看待孩子，及时鼓励孩子，他们总会有大放异彩的一天。

第四章

自我意识：让孩子自由独立

生活中的每一件与孩子关联的事情，都要给孩子提供一个自由选择的机会，鼓励孩子自己去做选择，并尊重他们的选择，这才是最真挚的爱。这份爱，这份自由选择的权利，对于孩子的成长尤为重要；对于理解这份权利并给予重视的家长来说，也同样弥足珍贵！

自由的空间养成独立的孩子

给孩子从小定好规矩,他长大了自然就不会做出格的事了,这是很多家长的观点。于是,孩子每天的起床时间、观看动画片的时间、外出踢球的时间;家里来客人时的欢迎辞、饭后碗筷的具体清洁方法、穿衣戴帽的先后顺序、自身物品的摆放角度;等等,都被严格地做出具体的规定,想以此培养出言行举止都完全正确的"高标准、高效率、高素质"的孩子。

但是,这真的可行吗?所谓矫枉过正,一旦最开始的出发点存在隐患,终有一天,问题会一一呈现出来。

周末的一天,我陪着女儿在小区公园玩耍,其间来了个小女孩,女儿就和她玩起了"石头棋"。"石头棋"是小区很多小朋友都爱玩的游戏,所以很快吸引了附近几个小朋友过来围观。

见女儿和小朋友玩得投入,我就索性在公园的躺椅上晒太阳。刚眯着不到十分钟,就听到孩子们那边传来争吵声。刚刚起身,女儿走了过来,悄悄和我说道:"我把和我玩石头棋的小朋友气哭了。"

"气哭了?为什么啊?"我边听女儿解释,边拉着她往几个孩子那边走。"我想把她吃掉我的棋子放到我这边,这样进行下一轮的时候可以节约时间,不用再交换了啊。"

"那她为什么会哭呢?"我接着问女儿。

"因为她不想给我啊，她认为游戏没有结束，按照规则谁也不能乱动。"

我基本上听懂了争执的关键点，觉得尽管女儿的提议很不错，但是对方的坚持也有道理。我走到那个小女孩身边，安慰她道："小朋友，不要生气了，大家玩游戏，重要的是开心。"

结果旁边一个男孩告诉我："你别安慰她了，她一直就是这样，只要别人不听她的话，她就会哭。"

小男孩的话就像开了一个头，立刻又有人跟着说起来："对，我跟她一个班。每次她的东西都要放在固定的位置上，一旦谁不小心占了她的位置，她就特别生气。"

……

这时，小女孩的妈妈来了，见到孩子哭也并未劝解，反而安慰我们道："没关系的，我的孩子我了解，从小就是这样，什么事情必须都按照规矩来。没关系的，一会儿就好了。"

尽管我觉得小女孩坚持游戏规则并没有错，但是为了坚持规则而生这么大的气，伤心到哭起来，还是出乎我的意料。

女孩妈妈告诉我，女孩的爸爸是军人，从小就给她定了不少"规矩"。比如：吃饭必须坐在哪个位置上，什么时间该跑步，什么时间该休息，什么时候该看电视，都有十分严格的时间规定。原本以为这样能够培养出一个事事有条理、做事自觉主动的孩子，却没有想到孩子会越来越一根筋。

看着眼前的小女孩，我的内心不能平静，这个在约束中成长起来的小女孩，已经不再是凡事讲"规矩"，而是做人处事近乎偏执了。这是个信息多变的社会，每个孩子需要的都是极强的应变能力，如果孩子的天性被各类复杂而具体的框架所困，表现出的必然是僵化、封闭的思维模式和行为结果。

哲学家弗洛姆说过："教育的对立面是操纵。"不要让孩子认为每件事情都有所谓的"规范""规则"，更不要因为孩子不能达到这些目标、不遵守这些规则，而对孩子进行批评或是惩罚。

或许有的家长会担心，完全任由孩子自由成长，会令孩子染上一些恶习，比如打架骂人、毫无礼貌等。然而，需要声明的一点是：避免用琐碎的规矩束缚孩子，并不等于可以纵容孩子的不良行为。

一次，我带女儿去医院探望一位刚刚生完宝宝的朋友。因为不是独立的病房，所以也来了其他产妇的家属和朋友。聊天期间，有个不知谁家的小男孩，一会儿翻翻床头柜，一会儿摆弄摆弄氧气瓶管线，充满了好奇。

紧接着，紧靠窗户，上面躺着一位产妇的那张床引起了他的注意。他发现那里人少，还有个可以控制床头高低的摇手，就跑过去一会儿左摇摇，一会儿右摇摇。尽管由于力气不大，不会造成床头过度起伏，但最终那位剖宫产的女士还是因此疼得叫出声来。

正逢护士过来查房，护士大声斥责起来："谁家孩子，注意看管啊，病人很虚弱，刀口很疼，哪能这么惯着孩子呢？"

这时，小男孩的妈妈才用半教训的口吻说道："别玩儿了，快过来，再玩儿的话，护士姐姐给你屁股打一针。"小男孩没玩儿尽兴，充满怨气地看了护士一眼，躲到了妈妈身后。

等护士出了病房后，这位妈妈对旁边的人诉苦道："现在养个孩子真不容易，管得多了，说是抑制孩子的天性；管得少了，他又不听话。我也不知道怎么教育了，干脆就让他自由成长好了。"

实际上，约束和放任都是将孩子的培养推向了极端。如果给孩子绝对自由的成长空间，孩子就可能在言行上无法无天，做事情毫无顾忌；而如果处处给孩子制定言行上的刻板规则，孩子的成长也将畸形，孩子会性格懦弱，凡事不敢独立做主。

每个家庭，都应该根据自己孩子的特点，结合生活空间和其他社会空间的言行准则，为孩子量身打造一个属于他的相对自由成长的空间，以此滋养他，使其成长为一个独立又不缺教养的孩子。

家长这一边放手，孩子那一边独立

家长的爱之所以伟大，是它能够让孩子从中获取成长所需要的温暖和力量。但即便如此，这份爱也应该有个度的把握，过度的关注，反而是对孩子成长权利的一种剥夺。

燕子常常抱怨妈妈给予的爱过于浓烈，沉重得让她有些喘不过气。事实上，燕子已经37岁了，已经有了自己的小家庭，为了更好地照顾妈妈，她把老人接到了同一小区。没想到，她被妈妈"照顾"的日子就此开始了。

燕子妈妈和很多老人一样，都有早起逛早市的习惯。老人每天都会捎带一些水果、蔬菜之类，亲自送到燕子家。有时燕子还没起床，妈妈就已经用燕子给的备用钥匙推门进来了。本来是考虑妈妈日常过来方便给她一把钥匙，现在却反而让燕子恐惧极了，甚至每天早上都恐惧房间随时被打开。那种私人空间被侵犯的不安与烦躁，让她难以接受，即便那个拿钥匙的人是自己的母亲。

燕子的妈妈我见过，非常慈祥也很勤快，与很多妈妈一样，对自己的儿女有着永远操不完的心。经过一段时间的挣扎，燕子和妈妈进行了一次认真的沟通，希望妈妈能给自己一个独立的空间。结果妈妈很伤心，认为燕子身在福中不知福，自己这样做是多少人求之不得的福气。

"你知道吗？就没有我妈不过问的事。"有一次，燕子向我抱怨道，"我每天工作怎么样？我要去哪儿？我要见什么朋友？我妈都要打破砂锅问到底。就连什么样的天气该穿什么样的衣服，我妈都要过问。我感觉自己好像从来没有长大一样，我甚至感觉自己一无是处，居然还不能脱离妈妈的照顾。"

是的，如果这份爱太重，那么给人的感觉就不再是温暖，而是一种绑架，它会让子女产生一种"没有妈妈我什么都做不好""我的生活不能离开妈妈"的错觉。而妈妈呢，会从孩子的这种依赖中，体会到自身存在的价值，但完全忽略了孩子是一个独立的个体。

作为家长，如果不懂得放手，在孩子学会走路后，依然将孩子抱在怀里；在孩子上学后，依旧不让孩子去做力所能及的事情；在孩子结婚后，依旧无微不至地照顾着他的生活，那么孩子永远无法成为成年人，即便已经二三十岁了，他在心理上仍旧是个婴儿。

家长疼爱自己的孩子，目的是让他更好地生活和学习，但疼爱过重，那份甜蜜的保护就会形成一种无形的压力，如同一棵小草一直生活在大树下，在被树荫笼罩呵护的同时，也失去了阳光风雨的洗礼，势必会生长得营养不良。

爱孩子是一种本能，要学会放手的确不是一件容易的事，我也曾一度为此苦恼。女儿上小学时，还保持着自己收拾房间的好习惯，但到了初中，她的被子都懒得叠起来。最初，我帮她收拾房间、整理书架，以为这样可以更好地为她节约学习时间。结果，我的好心反而帮了倒忙，她经常因为找不到自己需要的书本资料与我争吵。有一次，我扔掉了一张看似无用的皱巴巴的废纸，结果居然是她为班级文化角设计的草图，搞得我也为此自责起来。

我所认为的垃圾，竟然是孩子的宝贝，我所认为的干净整齐，却让孩子觉得极为不方便。就在我纠结到底谁对谁错的时候，却忽略了孩子的房间怎样摆放，恰恰是孩子意志的体现，而我的整理，则是无意中对孩子意志的忽视和伤害。

后来，我与女儿进行了一次诚恳的谈话。在谈话中，我们约定了如下几条：

第一，以后进入彼此房间要敲门。之前我经常在孩子学习时，推门为她送一些水果、牛奶，这份关心反而干扰了她的学习和与同学间的沟通，甚至她会担心自己的一些隐私被我看到。

第二，孩子的房间，交给她自己收拾。尽管收拾房间她不太情愿，但相比我替她收拾所造成的困扰，她更愿意自己决定何时进行整理。

第三，参与家庭公共空间的整理和其他日常事务的打理。在给孩子自由的同时，我希望她也能是一个讲规矩的人。家庭成员共同的地方，要有意识地保持整洁。而对于基本的垃圾清理、碗筷清洁等事务，也要让她适度参与进来。

如此一来，孩子有了自我独立的隐私空间，有了自我整理的权利，那种脏乱差的情况也开始逐渐好转起来。

在日常生活和学习中，不管孩子遇到什么事情，放手让他自己去选择和决策，孩子做错了也没有关系，相对于成功，有意义的失败对孩子而言才是最有价值的。

　　如果家长无法确定何时为孩子提供帮助，不妨这样想一想：我们所管的这件事，是孩子自己的还是我们的？如果是孩子自己的事情，那么我们能够做的就是提醒，而不是强求。比如天冷了孩子需不需要多穿一件衣服这件事，在3岁时，家长可能需要给予无微不至的照顾，但是对于一个十几岁的孩子甚至二十几岁的青年人来说，家长还插手，那是不是低估了孩子的自理能力？

　　所以，作为家长，学会放手，孩子就会慢慢在独立中成长起来。

给孩子弥足珍贵的选择权

朋友章涵的孩子，是我见过的所有小孩儿中，课外兴趣班上得最多的孩子。孩子的课程表上面写着钢琴、舞蹈、围棋、绘画、口才、话剧……时间被安排得满满的。在这些课程中，除绘画最能让孩子产生兴趣之外，没有一科是孩子自己想学的。尤其是围棋课，孩子一点儿都不想学，却每次都要被逼着去学。

我不理解章涵为什么要让孩子学这么多。她告诉我，自己小时候家境不好，自己本来好多兴趣班都想参加，结果哪个都没机会上，看着同龄孩子可以参加各种活动，她特别难过。现在她有了孩子，她不希望自己的孩子也和自己一样，所以她努力创造条件让孩子参加各类兴趣班，认为这样既能激发孩子的兴趣点，还能应对未来多元化的社会竞争。

章涵所表达的和所期望的有她作为母亲的深深的爱在里面，但是忽略了孩子的主动选择权。与很多家长一样，她也是用"我是为你好"这样的思维去对待孩子，以为自己的选择就一定是适合孩子的。殊不知，孩子的选择很可能和家长背道而驰。

孩子日常的鞋子、衣服、饮食、运动等，我们只是站在自己的角度给孩子做了某种选择，加上我们自身态度强硬，孩子可能没有表现出反抗，但这未必就代表孩子喜欢。

当然，你会觉得孩子太小，怎么能客观评判某个商品、课程的好坏呢？事实上，孩子在婴儿期，就已经懂得了选择，只是选择背后的认知需要时间来积累而已。女儿2岁多时去商场，只要看到粉色的衣服，就会很兴奋，有时候还会挑出来放在我身上，示意我穿。

随着孩子的成长，孩子的认知也在不断地提高，渴望自己进行选择的心理也更强烈，不管是穿什么、吃什么，还是买什么、学什么，孩子都渴望能够自己做决定。

而对于孩子的决定和选择是否客观、标准是否准确，也不是没有弹性可言。我们可以根据孩子的年龄、性格等方面来做综合考量。能够让孩子自己做决定的事情，一定是在孩子的认知范围内的。如果超出了范围，孩子自然会感到茫然失措，胡乱选择。在合理的范围内让孩子选择，即便选择错了也不要紧，影响也仅仅是当下的，并且还能让他从错误的选择中得到相应的教训。

如果孩子失去了自由选择的权利，就会变得胆怯、畏首畏尾，不能自主。

一个朋友曾向我抱怨，已经上初中的女儿和她的关系非常差，两个人经常发生冲突。她自己感觉冷，就好心叮嘱女儿多穿点，女儿不听；她看到女儿的鞋子坏了，买了一双新的给女儿，女儿却宁可穿着那双坏鞋子，也不愿意穿她买的新鞋子；下雨天，她打着雨伞、提着雨靴去接女儿，但女儿看见她，却是一脸的不高兴，非要自己回家……

或许在很多家长的眼中，这个女儿简直太不懂得感恩甚至有些叛逆。

但事实上，问题的根本却出在我的这位朋友身上。朋友总是以她的理解去看待女儿的世界：孩子的运动量大，所以御寒能力超过她，穿得少很正常；朋友喜欢以自己的审美去给孩子添置新鞋，并为孩子不愿意穿而感到难过，可她却不了解孩子对鞋子的质量、款式方面的具体要求；至于她不愿意妈妈雨天来接她，是她不希望被同学看作是处处需要被照顾的小孩子，甚至她更愿意淋着雨、蹚着水，一路走一路玩儿地回家。

如果家长的关心在孩子那里碰到了冷冷的"墙壁"，这时请不要轻易冤枉孩子不懂感恩，孩子只是在用这种方式告诉家长："爸爸妈妈，在这件事情上，我已经有了自己的想法，能够自己做决定了。"而我们收到这个"信号"后，能够做的就是，不要用自己的"关心"去打扰孩子的生活。

当家长跟孩子说"天冷了，多穿点"时，孩子如果说"我不冷，不用穿"，那么家长就应该知道，那是他自己的选择，他自己可以感知温度，正在慢慢与这个世界建立自己的连接。家长应该为孩子有了这份自我选择而高兴，并在态度上给孩子最坚定的支持、信任和欣赏。

请记住：生活中的每一件与孩子相关联的事情，首先给孩子提供一个自由选择的机会，鼓励孩子自己去做选择，并尊重孩子的选择，这才是最真挚的爱。

这份爱，这份自由选择的权利，对于孩子的成长弥足珍贵；对于理解这份权利并给予重视的家长来说，也同样弥足珍贵。

托起孩子的理想，让他敢做敢想

"长大以后想做什么啊？"这恐怕是每一个孩子经常被问到的一个问题。而为了让孩子的职业理想金光闪闪，很多家长还会举出某某人因为不好好学习做了环卫工、捡破烂、卖菜、送快递等作为反面教材，以此激发孩子说出"我要成为一名飞行员、科学家……"之类的伟大而耀眼的理想。

但实际上，对于一个刚刚读小学的孩子来说，有时成为一名厨师可能远远要比成为航天员更有吸引力。甚至在孩子眼中，他可能只是受到某一信息的影响就会将几个小时前的志向忘得一干二净。

有一次，朋友愁眉苦脸地告诉我："你知道吗，我那臭儿子，长大了居然想当厨师，说是厨师吃得好，这可真愁人。"没错，这个答案显然对家长来说太难以置信了。

好在朋友并没有批评孩子，她通过观察发现，孩子正是因为被老人看管时间较多，所以经常在电视上看一些美食节目，而孩子只是片面觉得厨师制作的丰富饮食更让他喜欢，馋嘴的他常常盯着那些鸡鸭鱼肉的镜头咽口水。

与更大的孩子相比，年龄过小的孩子还无法理解理想、信仰的真正内涵。所以，家长大可不必小题大做，随着知识的不断拓展，孩子必然会不断校正自己的理想目标。

就拿我的女儿来说吧，她的理想从最初的医生到司机，又到后来的糕点师、老师，总是在不停地变化着。不管她将来会干什么，有一点是不可否认的，那就是这些梦想都是有价值的。在孩子的心中，它要么是最美的，要么是最真实的，要么是最神圣的，我们都要给予尊重。

要知道，孩子只有敢想才能敢做。而在每一次实践的过程中，他都能有所收获，或许是发现了更好的自己，或许是获得了新的知识。而这些都将为他实现最终的梦想做铺垫。如果我们因为孩子的梦想不起眼，就将孩子的梦想扼杀在摇篮里，那么他就会失去一种人生体验，将原本宽阔的大路渐渐走成狭窄的独木桥。

要提醒自己，不管孩子的梦想多么荒唐、多么可笑，都是无价之宝。我们不能因为孩子想当农民，就说他没有出息；也不能因为孩子梦想能够住在月球上，就说他不切实际。试想一下，如果莱特兄弟最初对家长说要制造一只能够带人飞翔的大鸟，却遭到家长的反对，那飞机的发明恐怕又要晚上许多年了。

一次上班的路上，我和一对母女一起等公交车。小女孩看起来有三四岁。当一辆环卫车从我们面前驶过时，车底的两个圆形大刷子引起了小女孩的兴趣，连忙问道："妈妈，那是什么车？"

"那是环卫车，开着这个车在街上走一圈，道路立刻就干净了。"女孩的妈妈说。

"我长大了也要开这个车！"小女孩雀跃地边跳边说。

"好啊。只要你努力学习，认真工作，行行都能出状元。"小女孩的妈妈柔声回应道。

这个答案简直太妙了，站在一旁的我都忍不住要为这个妈妈鼓掌。因为有太多的家长，喜欢把职业分为三六九等，所以在孩子的心中，职业也有了高低贵贱之分。

我们小区里的绿化都是由一个乡下来的农民大伯负责，每天大伯就穿着一双旧胶鞋、一身蓝衣服，围着一个黑色的围裙，流连在花草树木之间。因为工作的问题，他的衣衫上总是沾满泥土。那天早晨，大伯像往常一样，正在给花花草草浇水，一个梳着羊角辫的小姑娘跑过来，冲着大伯喊道："你是农民！你是农民！"说完，做了个鬼脸嬉笑着跑开了。小女孩的妈妈就站在不远处，我们原以为小女孩妈妈会批评她不懂礼貌，却没料想她妈妈说道："你不好好学习，以后就只能当农民了！"

没有不望子成龙、望女成凤的家长，我们都希望孩子将来能够从事一份光鲜亮丽的职业，可是每个孩子的资质都是不同的，从为社会做贡献的角度来说，每份职业都是相同的。如果我们过于强调职业的高尚性，那么当孩子无法达到时，他的内心就会产生挫败感，认为自己是个没用的人。

有一个朋友，她从小就喜欢照相，长大以后又对绘画、摄影十分感兴趣。但是当她将自己这个梦想告诉妈妈时，妈妈却给她泼了一盆冷水："就咱家这个条件能供你念书就不错了，还想学这学那的，你就把课本上的知识学会就不错了。"

后来这个朋友考大学时，被迫按照妈妈的想法选择了会计专业，尽管她一点儿也不喜欢这个专业。但她强势的妈妈坚持认为，学这个专业永远也不会失业。结果，她成了公司里摄影最好的会计，只是看上去总是那么不快乐。

作为家长，如果想要培养出一个有自我理想的人，但凡孩子提到某一职业或兴趣，都切记不要急于贬低或否定，而是要以平常心来面对，这会让孩子感觉在面对理想时，自己得到了家人的支持。

同时，若有能力把孩子的理想具体化，能够有针对性地进行规划、指导，那么孩子在实现自我理想的道路上，会拥有更多的可能性和自信心。

愿我们都能激发孩子找到属于他自己的理想，因为唯有这种从心而发的理想才会让孩子有行动的动力，他才会在圆梦的过程中变得坚强、不退缩，并能够在克服困难的过程中得到快乐。

守护孩子的隐私，就是守护他的心灵财富

从小学一二年级开始，语文老师一般会鼓励孩子写日记，我家孩子也是如此。

有一次，无意间与几个家长聊到了写日记的事，大家纷纷分享了当年自己藏日记的趣事。有的说，自己把日记藏在天花板上面；还有的说，把日记上锁，再把上锁的日记放到上锁的抽屉里；还有的说，包上书皮，和其他书籍混在一起……然后在哈哈大笑中，为自己曾经的机智点赞。

只有悠然妈妈不太愿意分享，大家开玩笑地问她是不是有什么童年伤疤。经这么一问，悠然妈妈慢慢打开了话题："我读三年级的时候，很喜欢教我们的一位体育老师，那个时候同学们都写日记，我就把这份喜欢写在了日记里。不承想，有一天放学，刚刚走到家门口，就听到爸爸妈妈在聊关于我的事儿，仔细一听，居然是我日记里的内容。我到现在还记得我进房间时，妈妈向我投来的狠狠的目光和那句'小小年纪，你不学好啊你'。"

悠然妈妈此时眼中带泪，很明显还没有抚平小学时期那份创伤。她看了看我们，接着说道："唉，那个眼神包含着愤怒、指责、蔑视，唯独没有愧疚。两周后的期末测试，我的某科成绩很糟，这让父母一下子抓住了把柄，晚饭的时候还拿出日记的内容说事。

当天晚上，我把我所有的日记都撕碎了，然后躲在被窝里哭了整整一夜。"

悠然妈妈其实已经是10岁孩子的家长了，谈到日记这个话题，依然在情绪上波动很大，这说明孩子的隐私一旦被曝光甚至受到讥讽，给当事人带来的可能是一生的痛楚。

作家尼尔·波兹曼在《童年的消逝》一书中说过："没有秘密就没有儿童时代。秘密伴随着孩子的整个成长过程，代表着孩子自我意识的苏醒。"当孩子有了秘密时，也就有了承载他秘密的载体，比如日记，日记可以说是孩子心灵的窗户，家长绝对不可以随时打开这扇窗，去探究里面究竟藏了什么！

家长偷看甚至明目张胆地翻看孩子日记的理由是对孩子的关注和担忧，怕他吃亏、被骗或者有些事情被隐瞒而耽误处理，却不知孩子将一些情绪、秘密写进日记，就是为了自己去消化或记录，不希望被家长看到而已。

日记那个小小的世界如同孩子一片神秘而独立的领域，不希望被他人踏入，其中也包括自己的家长、老师和周边的人，除非他给了打开日记的授权。

很多如悠然外婆那般的家长，那份关爱已经是一种变相的控制和极为不妥的冒犯，完全没有把孩子的自尊、自立放在眼中。

有位知名演员曾经说过："秘密是孩子内心最宝贵的财富。孩子有孩子的人生，想要孩子拥有健康的人生，就必须让孩子明白什么是对的，什么是不对的。如果自己都做不好，又怎么去教孩子呢？不看孩子的日记，不翻看孩子的手机，是对孩子最起码的尊重。"

作为家长，我们不能以"爱"的名义去做错的事，然后还理直气壮地对孩子说"我这是因为爱你"。要知道在孩子的内心，他所接收到的不是爱，而是"妈妈不尊重我""爸爸不理解我"，甚至错误地理解为"偷看别人隐私是对的，没有什么大不了"。

　　我的女儿3岁多的时候，经常拿着大大小小、花花绿绿的盒子、罐子跑到我面前，然后让我猜里面到底有什么。但是她总是担心我会随时打开她的这些藏着各类宝贝的盒子、罐子，常常让我发誓不能去打开。

3岁的孩子，她的百宝箱里存放着的可能仅仅是石头、纸片和弹珠之类的玩意儿，但她相信自己拥有的宝贝是天底下最漂亮、最神奇和最珍贵的，她会努力捍卫她作为箱子主人的所有权。

她常常会在我面前小心翼翼地打开缠了好多线条的小锁头，然后从里面拿出两颗彩色小石子，一脸骄傲地问我："是不是很漂亮？"我会故作惊讶地配合演出。

当然，随着年龄的增长，她的百宝箱里已经变为各类灵感册子、少女日记、心情绘本等。尽管在整理她的房间时，这些似乎藏着魔力的本子、册子吸引着我前去探索，但想到她从小就为自己的隐私而斗争的样子，我就强忍住了自己的那股好奇。

　　在电视剧《小别离》中，妈妈在女儿的垃圾桶里翻出了孩子写的小说，她怒气冲冲地质问孩子为什么不好好学习，却做这样无聊的事情。孩子因为无法解释其中缘由，哭着将小说撕了个粉碎。最后爸爸在夜里用胶水一点儿一点儿将小说粘好，这一行为感动了女儿，让她觉得爸爸才是真正帮着她守护她心灵财富的看门人。

具有心理咨询工作经验的我愈加明白：日记本上的那把锁，代表着孩子的心理界限，即便是最亲密的家人，也不能越界。可能正是因为如此，女儿的日记本，渐渐地从上锁变成了无锁，因为她相信她的家人会尊重她的隐私，如果没有得到她本人的授权，那把隐形之锁永远都会锁住她内心世界全部的秘密。

如果我们不小心看到了孩子的日记，并被孩子知道了，不要理直气壮地辩称自己只是因为爱孩子。如果真的爱孩子，正确的做法应该是真诚的道歉，并保证以后不会再这样做。

当然了，最正确的做法，就是在看到孩子秘密的那一刻，选择原地放好，不去窥探，也不去揭穿。只有我们尊重孩子，孩子才能够信任我们。而信任是孩子向我们敞开心扉的唯一途径。

第五章

告别吼叫：做好自己的情绪管理

父母的语言、行为、情绪都在不知不觉中影响着孩子。哪怕是那些被我们硬性控制的细微情绪变化，孩子都能够敏锐地感受到，这一点，是孩子在母亲腹中就已早早练就的"本领"。而当我们最终能够真正平和下来时，曾经那个总是闯祸捣乱的孩子，不知道什么时候变成了活泼、向上、有着自己独特思维方式的乖孩子。

接纳孩子，就是接纳自己

在我接触的众多家长中，有一些家长给我留下了深刻的印象，其中有一个家长与其说是我向她传授育儿经验，倒不如说是她给我上了一课，因为是她教会了我接纳孩子就是在接纳自己。这个家长叫"熊妈"，她之所以称自己为"熊妈"，是因为她有一个"熊孩子"。

熊妈从儿子一上幼儿园，看出了自己的儿子与其他孩子的不同，别的孩子能够利索爽快地说出"1+1=2"，而她儿子的头却摇得像拨浪鼓。老师提醒他可以掰着手指头算，即使这样，孩子也没能算清楚。但好在老师还是接受了她的儿子。

也是从那个时候开始，熊妈开始怀疑，是不是自己的教育出了问题，她一直提倡给孩子一个无忧无虑的快乐童年，所以从未对孩子进行过什么所谓的"早教"。真正让熊妈感到恐慌的，是孩子进入小学以后，一纸成绩单如一根标尺般将所有的孩子分为了三六九等，而熊妈的孩子不幸成了最后一等。他不但学习成绩不理想，上课还不注意听讲，家庭作业也不认真完成。熊妈从恐慌变成了焦虑，她不愿意承认自己的儿子反应比别人慢半拍，于是辞了工作，开始了陪读生涯。儿子学什么，她就跟着学什么，学完以后跟着儿子一起做作业。

儿子每次写作业都要熊妈苦苦相逼才肯写，然而就算是抄，也会抄错；每次做数学题，就像受刑罚一般煎熬，十以内的加减法，儿子都要错很多；英语更是一塌糊涂，英文字母都认不全，更不要说读出来。每每这时，熊妈就会想到别人家的孩子多么聪明伶俐，越是这样想，就越觉得自己的儿子不争气。为此，熊妈也曾骂过孩子，甚至打过孩子。当她觉得心中的苦闷无处发泄时，也曾在网络上寻求过安慰，但得到的却是铺天盖地的批评，大家都说她是一个不称职的妈妈，有的甚至要求她先吃药，再教儿子。安慰没得到，却受到了更大的打击，她从一个自以为教育方式有问题的妈妈，变成一个"坏妈妈"，这个打击几乎令她崩溃。

这一天，儿子写作业又写到了很晚，他想先睡觉，但是却被熊妈严词拒绝了。儿子不依，躺在地上边哭边闹，熊妈也被气得直流眼泪。那一刻她感觉儿子已经没有未来可言了，她累了，她想要放弃。这时，熊妈的先生鼓励她道："至少，我们的孩子学到了一项本领——逆商，即便成绩如此糟糕，但他还是能每天高高兴兴地去上学，有这样乐观的精神，我们还怕什么呢？"先生的话，犹如一道光照进了熊妈的心中，她检讨了自己打骂孩子的行为，同时也接受了自己孩子比别人孩子笨的事实。她告诉自己，孩子的学习能力本身就是参差不齐的，有的甚至是天生的，作为家长千万不能强求，更不要拿自己的孩子与别人的孩子比，最重要的是要坚信自己是一个好妈妈。

一个人一旦说服了自己，那么接下来的路就会好走许多。熊妈不再逼着孩子学习，每天晚上9点一到，就算孩子没有写完作业，也不会逼着孩子写了，她会打电话向老师说明情况，然后再在周末将作业补齐。孩子遇到不会算的数学题时，她也不再愁眉苦脸，而是想各种办法，让儿子更容易理解题意。

　　每次儿子的考试成绩下来，都是儿子情绪最低落的时候，看着卷子上一个又一个红叉叉，熊妈心里也不是滋味，说不在乎那是骗人的，但是她却极力让自己表现出不在乎的样子，然后一道题一道题地帮儿子分析。在孩子的每一张卷子上，都密密麻麻地写着解题的思路，以及熊妈鼓励儿子的话语。渐渐地，熊妈感受到了儿子的改变，他学会举一反三了，他能够指出妈妈读错的英语单词了，他甚至不再稳坐全班倒数第一的"宝座"了。

　　熊妈的儿子上了六年级以后，尽管成绩依旧没有进入中上等，但是她已经非常满足了，儿子的每一点进步都能够让她欣喜若狂。用熊妈自己的话说就是："他再笨，也是我的儿子，我没有理由不爱他。"

我很感谢熊妈能够将她的故事分享给我，她这六年来的心路历程，就像是一本教科书，教会我爱是接纳，接纳孩子的一切，包括他的优点和缺点。

如果我们不愿意接纳孩子的缺点，那只能离绝望的深渊越来越近，这是一个极其痛苦与煎熬的过程，会让我们不断地否定孩子，否定自己，觉得自己是一个失败的家长。

但是当我们愿意接纳自己孩子的不足时，其实也就是接纳了自己的不完美，这个时候一切转机都出现了。你不再认为自己是一个不合格的家长，也不再认为孩子身上的不足是多么大的事情。你会成为一个好家长，一个会爱孩子的好家长。

惩罚无度，伤害也就无限

孩子做错了事情要不要进行惩罚？这是前段时间在微博上被广泛讨论的一个话题，一方为赞成派，所谓"不打不成材"；另一方是反对派，认为孩子不能惩罚。而我是中间派，认为孩子可以惩罚，但是要有度，因为无度的惩罚会给孩子带来无限的伤害。

刚刚大学毕业时，我在一家汽车媒体工作。其中有位男同事至今让我印象深刻。他的专业采访能力非常优秀，称得上是我们这些新人的"老前辈"，我们都很尊敬他。但他总是与大家保持着适度的甚至有些不近人情的沟通距离，偶尔还会在别人心情大好时说些刻薄的话，这样就导致了大家对他越来越敬而远之。

有一次，同事们都走了，公司里只剩下我们两人，忽然停电了，他吓得大叫了一声，连忙呼唤我的名字。我走到他的身边，可以清晰地感受到他的颤抖。一个大男人怕黑，这多少让我有些意外。但是出于同事之间的关心，我还是轻轻地拍了拍他的肩膀，对他说："没事，别害怕，应该一会儿就来电了。"

他没说话，点了点头。

"你为什么怕黑呀？"我鼓足了勇气，好奇地问了他这个有些隐私的问题。

"你小时候被妈妈关进过衣柜里吗？"他沉默了几秒钟，反问我。

"没……没有。"我回应道。

"我被关过，关了整整一天一夜。"

他的回答，让我身体一颤，这实在太让人难以接受了。

"妈妈的新口红是我很喜欢的那种红色，我兴奋地到处乱涂，她一生气，就把我关进了大衣柜中，并反锁了门。我很害怕，不停地敲门，无论哀求还是踢打，她都毫不理会，柜子里很黑，我感觉自己快要窒息了。直到第二天妈妈才让我出来，然后问我'下次还敢不敢了'。从那以后，我很害怕黑，但是妈妈不让我开灯睡觉，我就缩在被窝里，在恐惧中入睡。从那以后她的任何东西我都没碰过，还真是'不敢了'。"

此时，办公室的灯亮了，他尴尬地看了看我，转身离开了。

我在想，这个如此优秀的"老前辈"，如果他的妈妈不用那样过激的手段惩罚他，他应该会成长为一个乐观开朗的人，也会特别愿意主动亲近我们这些"菜鸟"吧。当年那个妈妈自以为是的惩罚，的确给他的心理留下了相当大的伤害，恐怕他一辈子都很难从曾经那个恐惧的黑暗中走出来。

表面上，过度地惩罚孩子，可能会让孩子出于恐惧而记住当下的教训，但是却给孩子的成长留下了更大的隐患，身体上看似没有创伤，但心理上的伤痕却要伴随孩子一生。对于孩子来说，童年时代所经历的那些印象深刻的或喜悦或忧伤的小事件，都会不经意间留存在记忆深处，并在日常的工作、生活中潜移默化地发挥作用。家长认为惩罚孩子只是一件小事，如同一颗小小的雨滴或一阵微风，但在孩子看来，可能无异于狂风暴雨。

　　既然不能过度惩罚孩子，那怎么能让孩子在所犯的错误中得到启发和成长呢？这方面，我想讲讲我的体会。

　　有一次，女儿正在写作业，楼下的然然小朋友来找她玩儿。为了能够早点与然然一起出去玩儿，女儿的生字作业写得歪歪扭扭，潦草至极，很明显就是在敷衍了事。我很生气，真想将她的作业撕掉，然后让她重写一遍。

　　可是这样就能让女儿记住这个教训吗？恐怕她只会觉得我冷漠、不通情理，所以我决定换个方式来处理。我将正准备出门的女儿叫了回来，当着她的面，擦掉了所有不规范的字，然后对她说："写作业不能敷衍，我擦掉的是你敷衍写下的字。如果你认为可以这样对待你的作业，那写与不写没有区别。所以，今天惩罚你不准写字！"

　　"我要是不写，明天老师会批评我的，说不定还会惩罚我呢！"女儿看着我，一脸惊恐地说。

　　"那就是你的事情了，既然不想好好写，那就索性不要费力去做嘛。"说完，我坚决地将女儿的作业本没收了。女儿几次想要回去重新写，都被我拒绝了。可想而知第二天女儿会遭遇什么，但是从那天开始直到今天，女儿从未糊弄过一次作业，她的文字、板报包括后来的书法都成为班级同学的学习样板，漂亮、整洁的卷面甚至还为她的考试加过分，我想这才是惩罚的良好结果。

没有哪个孩子会刻意去犯错误，也没有哪个家长会无缘无故严厉惩罚孩子。所以，当孩子的错误是无心之过或者孩子已经心怀内疚时，把无度调整为适度，这样的惩罚才是真正的教育。

如果你真的爱你的孩子，请先从停止过度甚至无度的惩罚开始吧。

觉察：别把负面情绪传染给孩子

记得女儿2岁半的时候，我刚换了新的工作，新工作节奏比较快，再加上陌生的工作环境和人际关系，常常让我感到力不从心。那段时间，似乎任何事情都会引起我的烦躁情绪，比如家里人看电视声音大了点，或者女儿玩闹过了头，都会让我感到心烦意乱，所以我经常说的话就是"烦死了"和"真麻烦"。每当此时，家里人就会默默地调小声音，女儿就会听话地安静下来。

过了一段时间，我家附近开了一家连锁超市，前三天打折，我便带着女儿去凑热闹。一进超市就看见人山人海，就在我考虑是否要离开时，女儿皱着眉头喊了一句："真麻烦！这么多人。"那语气、那神态，简直就是我曾经行为的翻版，这时，我才意识到，家长无意识地用负面情绪对孩子说话，对孩子的影响有多么深远。但可怕的是，很多家长却意识不到自己的情绪对孩子的影响有多大。

那还是在女儿上幼儿园的时候。一天放学后，女儿举着一只漂亮的风车跑了出来，一见到我就放到我手里，说是送给我的。同样，也有一个跟女儿一般大的小女生拿着一朵纸折的花跑了出来，满脸笑容地送给了她的家长。但是女孩儿的家长却看也没有看，只是催促着女孩儿赶快上车，说自己还要赶回家做饭。

女孩儿极力想让家长看一眼自己手中的花朵，所以并未听话地上车，而是走到了电动车前，举到家长的眼前。女孩儿的家长对孩子的不听话十分生气，语气已经由"催促"变成了"呵斥"："让你快点，没听见呀！干什么都磨叽！"说着，伸手去拽孩子的衣服，却不料碰到了车把上的袋子，袋子里刚买的菜洒落了一地。

这让女孩儿的家长更加生气了，立刻跳下车来，伸手在女孩儿脑门上戳了一下，并骂道："你个丧门星，从来不让我省心！"女孩儿在家长的"连番轰炸"下，终于忍不住哭了起来。哭声引起了我女儿的注意，"爸爸，我过去看看。"说完，女儿不等我同意，就走到了他们面前，她先是拉住了女孩儿的手，然后对女孩儿的家长说："这朵花是乐乐专门给您叠的，她说您每天工作很辛苦，她要感谢您。"

听了女儿的话，女孩儿的家长的脸上露出不怎么信任的表情，问女孩儿道："真的吗？"

女孩儿用力地点点头，同时哭得更大声了。女孩儿的家长有些后悔刚才那样对孩子，于是连忙蹲下身子将女儿搂在怀里。"你为什么不早点跟我说呢？"女孩儿的家长柔声问道。

"我跟你说了，可是你没听见，一直催着我上车。"女孩儿委屈地回答。

此时，我也来到了他们身边，帮女孩儿的家长将掉在地上的菜捡了起来，女孩儿的家长对我报以感激的微笑。我举起手中的风车，对她说："看，这是我女儿送我的，风车。"就这样，我们两个家长因为孩子的礼物，打开了话匣子。

女孩儿的家长告诉我，他要一个人打两份工来维持生计，也因此他每天都很累，没有多余的精力陪孩子玩儿。从心里他觉得很对不起孩子，但是在行为上，他又忍不住将自己对生活的不满发泄在孩子身上。说着说着，女孩儿的家长竟哭了起来。这一哭，竟哭了很长时间，似乎要将他心中所有的委屈都哭出来。

我心中一时感慨万千。没有人天生就会做家长，也没有人一开始就能够做个一百分的家长，我们都是在不停的学习中逐渐让自己变得合格，让自己成为更好的家长。作为一个普通人，我们可以在想发脾气时就发脾气，可以在内心痛苦时想哭就哭，但是家长这个角色，却让普通变得不能普通。一个家长，尤其是一个职场家长，不但要应对着职场上的竞争与残酷，还要处理家庭中琐碎的事情，身上的压力可想而知。

而家庭又是一个极容易让人卸下"伪装"释放真实情感的地方，因此将生活中的不快发泄到家庭中，甚至是孩子身上，是非常常见的事情。但是这样对孩子的影响几乎是毁灭式的。因为在孩子的成长过程中，情绪的学习一直贯穿其中。如果家长在生活中向孩子传达的情绪多为正面情绪，那么孩子的情绪自控能力和协调能力就能得到适时培养，这将更有利于孩子性格与人格的发展。

相反，如果家长在生活中的负面情绪较多，经常用一些很消极的语言对待孩子，那么就会将这种消极潜移默化地传递给孩子，导致孩子充满了不良的情绪，从而影响孩子智力的开发和健康成长。

掌控：自己少发脾气，孩子自然心平气和

很多家长和我说过类似的话："我总是控制不住自己的火气，看到孩子捣乱不听话，那股无名之火'噌'地就起来了，说打孩子就打孩子，打完又特别后悔……"

以打骂的方式教育孩子当然不妥，但是当你对孩子怎么说、怎么劝都无济于事时，有些家长就控制不住地想上去打他几下才解气。我理解这些家长的感受，因为我也有过那种感觉，也经历过那样无法掌控自己的痛苦。有时，这样的失控还会波及与其他家人的沟通，会不由自主地再次发生争吵。可见无法掌控自己的脾气，给一家人带来的伤害之大。

当然，人无完人，不可能永远心平气和，偶尔发一次火，能够跟孩子真诚地道歉，孩子也能理解。但如果这种状况是经常性的，那就近乎失控，事后的道歉也无济于事。对于孩子来说，有个动不动就发脾气的家长，这对他而言毫无安全感。慢慢地，在遇到困难时，他会选择放弃来避免因为做不好而受到家长的指责。

因此，学会掌控情绪，对家长而言就格外重要。

首先，需要清楚让我们发脾气的原因不是孩子本身，而是我们对孩子某一行为的不接纳，即你无法接受孩子不能按照你的要求和想法完成某事。

女儿刚升入小学，与很多孩子一样，存在拖拉的毛病。刷牙、

整理书包、找衣服、穿袜子，或者忽然又对某块好久没有使用的橡皮产生好奇，这些都让我大发雷霆，不断吼着让她快点。最终，她在我的监控下，不知道下一步要做什么，常常愣愣地站在那里不知所措。

家人在旁边提示我："你既然嫌她慢，你帮她做不就行了吗？"

"这明明是她自己的事，怎么能让我帮忙呢？"我生气地反驳道。

"那既然是她自己的事情，你为什么要催她呢？"家人半调侃地反问道。

我无言以对，但忽然意识到我正在以自己的标准要求女儿，因为她达不到我的标准而让我产生了情绪。从那一刻开始，我不再执意要求孩子达到我的标准。之后，我的脾气好了很多，不会因为她写作业慢、穿衣服慢、吃饭慢而生气。

再之后，我对日常生活和工作中的很多事情也不再保持固有的执念，我的心态明显比过去平和了很多。我开始接纳饭桌上的一两个米粒、几个玩具散落在客厅一角、孩子的某科功课未能达标。

我在真正掌控了自己的情绪后，开始意识到，原来女儿把写作业的速度放慢，是希望自己的文字看上去更工整一些。那些未收完的玩具是她随时可能过来继续投入其中的，那些米粒甚至都不完全是她掉落的，她有她自己所理解的世界和所能接纳的无秩序状态。

当我们能够不以自己的标准去要求孩子，并充分理解孩子行为背后的原因时，我们离一个能够控制自己情绪的好家长就不远了。虽然这个过程中，需要我们不断地去反省自己的行为，但是这绝对值得。

中国有句俗语："龙生龙，凤生凤，老鼠的孩子会打洞。"其中虽然也有一部分遗传的原因，但更多的是孩子对大人的模仿。每个孩子的身上都会有父母的影子，父母的语言、行为、情绪都在不知不觉中影响着孩子。哪怕是那些被我们硬性控制的细微情绪变化，孩子都能够敏锐地感受到，这是孩子在母亲腹中就已早早练就的"本领"。

当我们最终能够平和下来，面对一个淘气的孩子不再抓狂时，我们就会发现，曾经那个总是闯祸捣乱的孩子，不知道什么时候就变成了活泼、向上、有着自己独特思维方式的乖孩子。

摒除浮躁，成长有时需要等待

记得曾在一次青少年培训营里，看过几个孩子的一段表演，表演的内容就是呈现现实生活中孩子与家长沟通时家长的态度，表演让我印象深刻。

孩子几次想要与爸爸、妈妈沟通些什么，却被急于出门的爸爸粗暴打断；在与妈妈尝试做进一步沟通时，妈妈正拿着手机刷朋友圈。

孩子很着急，在经过了几次努力后，家长开始烦躁起来，让他抓紧时间去写作业。孩子提高了声音以引起他们注意，说自己的确有个很重要的事情要说，但是爸爸急了，说自己有事都被耽误了，妈妈有些不耐烦地让他回自己房间。

最终，孩子没能与家长进行一次完美的沟通。家长似乎太忙，认为他只是一个孩子，而学习才是他唯一重要的事情。

台下的我和很多家长一样，忽然觉得自己好像真的很少有耐心去倾听孩子成长中的每一个小秘密、小进步和小梦想。我们习惯于日复一日浮躁地应付日常，而忽略了与孩子每一个互动的瞬间。

生活中，当我们苦口婆心教了孩子一遍又一遍的数学题，但孩子依然一脸困惑地看着我们时，我们最终失去了耐心，喊了句："你想啥呢？你怎么这么笨？"

当我们提醒孩子不要忘记检查书包，但孩子临到学校门口想起忘带了圆规或者量角器时，我们气得向他大嚷："我早上和你说了多少遍了，要检查，检查，你怎么就是不听呢？"

当我们反复叮嘱下雨天不要出去玩，以免淋雨感冒，但孩子发着高烧说难受时，我们心疼又生气地训斥："告诉你别出去，你偏不听！"

……

在这样的提醒、劝告和唠叨中，我们是不是要反思一下，究竟是孩子越来越不懂事，还是自己太过浮躁，失去了对他应有的耐心？

　　一位年轻的妈妈，在意识到自己2岁的孩子仍然不能发出一个完整的、清晰的词语时，便带孩子去医院做检查。经过一系列的专家会诊、测试后，诊断为疑似重度孤独症。这个诊断如晴天霹雳，让她一时难以接受。爸爸从最初的努力坚持到最后放弃，只用了几个月时间，但是妈妈决定绝不放弃。

　　她坚持每天给孩子讲故事，带孩子亲近大自然，临睡前，会拉着孩子的手，告诉孩子，他们今天一起做了什么事，然后尝试让孩子尽量去表达。

　　日复一日，终于在5岁那一年的某一天，孩子喊出了第一声"妈妈"，很快又喊出了"爸爸"。渐渐地，孩子如同冲刺一般，很快可以与其他同龄孩子无障碍交流。

我们不去探讨那个孤独症的诊断是否准确，但妈妈为了孩子的成长所付出的耐心却是百分之百的。这个耐心的妈妈正是经由这样的坚持，创造出了奇迹。

实际上，我们大多数家庭的孩子情况远没有那么糟糕，他只是有时太过沉浸于自己的世界。只要我们能够有一点点平静的陪伴和倾听，孩子就自然会呈现出他本来的样子。在这个世界上，最该得到耐心的人，就是我们尚在成长中的孩子。

同样地，如果我们能够以心平气和的心态来对待周遭的世界，那么孩子自然也会从我们家长身上学会耐心对待周遭的世界。

那一年女儿读小学，考完最后一科，我就带着她回老家看奶奶。天气忽然大变，鹅毛般的大雪飘了起来，火车也因此晚点。我和女儿坐在候车厅，赶上学生放寒假，各个角落都坐满了人。

女儿逐渐失去了耐心，开始不耐烦地问我："火车什么时候才能来呀？"无论我怎么回答，她依然是不变样的那句："火车到底什么时候才能来呀？"

嘈杂的环境，加上为了赶车而造成的疲惫，那个烦躁不安的我差一点儿打败了平日安静的我。当时，我几乎脱口而出："你别问了行不行，我怎么知道什么时候来啊！"但那句话，还是被我硬生生地咽了回去。看着同样烦躁不安的女儿，我深深地吸了一口气，然后蹲下身体，搂着她，告诉她："宝贝，我也不知道具体什么时候车会来，因为外面的雪太大了，需要有叔叔把铁轨上的雪清理干净了，火车才能安全开过来，让我们上车。现在呢，我们除了耐心地等待，已经没有更好的办法了。你看看周围，爷爷奶奶、叔叔阿姨和弟弟妹妹，大家都在耐心地等待呢！"

女儿看了看周围密密麻麻的人，陷入了沉默。过了一会儿，又忽然担心地问了一句："那这么多人，等火车来了，我们会不会上不去车呢？"

"不会的。"我把手中的车票交到她手中，告诉她："我们有票啊，只要有票就能上车。"

女儿看了看票，又看了看我，终于放下心来，也不再那么烦躁。事实上，那天的火车晚点了四个小时，在这四个小时的时间里，我和女儿坐在候车室狭窄的椅子上，靠猜谜语和讲故事度过了漫长的等待时间。

女儿开学了，有一天我加班，无法准时到学校接女儿放学。女儿在学校一等就是两个小时，在这两个小时的时间里，女儿写完了家庭作业，还跟老师聊了天，直到我风风火火赶到学校，女儿也没有流露出一丝不耐烦的情绪。老师笑着跟我说，你家孩子真能沉得住气，边等家长还边开解老师说："着急也没有用，只能慢慢等，不过辛苦老师陪我一起耐心等家长。"

听到老师这么说，我真的很庆幸自己在那次候车时，没像其他家长那样斥责孩子，没有将内心的焦虑和烦躁传达给女儿，否则女儿今天就不能理解和接受两个小时的等待。

在生活中，处处存在着培养孩子情绪智商的机会，只要我们摒除浮躁，就会对孩子产生积极的影响，让孩子在成长的过程中体会到更多的愉悦情绪，并能够以更加积极的心态去学习和处理人际关系，这会让他的成长之路走得更加顺畅。

试一试，给孩子一个理解你的机会

我们常常讲，人与人之间最重要的就是理解和沟通，实际上，这句话用在父母和孩子的关系上，更是如此。当我们因为孩子"不懂事"而愤怒时，不妨想一想，是孩子真的"不懂事"，还是我们与孩子之间缺乏必要的理解呢？

　　我母亲有一个相识多年的老友，那个阿姨经常来探望我的母亲，而每次来她所谈论的话题，都离不开她那个"不孝"的儿子。比如：从未给她做过一顿饭；她每天辛苦带孙女，儿子却还总嫌她带得不够好……

　　因此，阿姨的儿子在我眼里一直都是一位"不孝子"。直到有一年过年，母亲身体不便，要我代她去给她的老朋友拜年，我才发现事实并非如此。我去的那天，正赶上阿姨腰疾犯了，走路都要扶着腰。见到有客人来了，阿姨的儿子连忙从房间出来，准备给我沏茶倒水，但是却被阿姨制止了："你去休息吧，我来。"说完，又看着我解释道："我儿子昨天加了一晚上班，你来之前他才到家，让他歇会儿吧。"听到阿姨的话，阿姨的儿子还真的就坐在沙发上一动不动了，任由自己的母亲扶着腰走向饮水机。

　　"阿姨，您腰疼呢，就别忙活了。"我有些看不下去，说到"腰疼"两个字时，故意加重了语气。

"妈，您腰疼了？"阿姨的儿子这才从沙发上站了起来，连忙接过母亲手中的杯子，接着又带些埋怨地说，"您怎么不跟我说呢？"

面对儿子的质问，阿姨笑了笑说："不是看你最近工作忙吗？不想耽误你工作。再说了，妈这是老毛病了，跟你说了也没用。"

那时，我才忽然发现，阿姨的儿子不是不孝，而是他不知道如何去孝，他的母亲没有教会他该如何理解父母，或者说阻止了他去理解父母，所以就出现了一系列的"不孝"行为。因为不理解母亲每天也很累，所以从来不主动做家务；因为不理解母亲身体不好，所以才会埋怨母亲没有将孩子带好。

问题的根本所在是，你给孩子理解你的机会了吗？你的疲惫、压力和诸多不适是否因为自己的掩饰或压制而让孩子失去了理解、照顾你的机会？而最终你却因为孩子的不懂事指责他。这样不成逻辑的教育模式，怎么可能培养出懂得感恩、回报的好孩子呢？

孩子能够理解父母，这种理解父母的能力被称为同理心。一个具备同理心的孩子，能够尊重自己的需求，同时也能敏锐地感受到别人的需求。在理解了别人的需求后，他能够自觉地控制住自己的需求和欲望，从而照顾别人的需求。这种理解会渗透到他与亲人、朋友，以及今后的爱人的关系中。

但具备这种能力的前提，是需要父母给他开出一条理解的通道，让孩子知道家长不是万能的、不是十全十美的人，也需要被理解、关注和安慰。

有一段时间，因为公司总是加班，我每天回家都很晚。有一天，我几乎是强打着精神才支撑到家，女儿还在客厅看动画片，我心里便莫名腾起一股火。

"给我倒点水来。"我没有像往常一样，一进门就收起所有的疲惫去拥抱女儿，而是要求她也能照顾我一下。

"……"

等待我的，却是无声的回答，当然，也没有水。

"给我倒杯水！"我的声音骤然提高了八度，整个人就像是一头准备进攻猎物的狮子。

女儿显然被我吓了一跳，有些不满："我正看小熊维尼呢，你自己倒吧。"

女儿的话让原本情绪就不佳的我，瞬间火冒三丈，我拿起茶几上的遥控器，用力按了关机键，然后呵斥道："我让你给我倒杯水，你为什么不倒？你怎么这么不懂事呢？"

女儿正看得起劲，被我这么一番处理，委屈得掉起了眼泪，转身去卧室了。

家人走出来，用手拍了拍我的肩膀，让我消消气，之后又转身去了卧室。坐在客厅，我隐约听见卧室里小声嘀咕着什么，但听不清具体内容。

不一会儿，女儿从卧室走出来，倒了一杯水送到我面前，小声说道："对不起，我不知道您加班辛苦，只顾着自己看电视，请您原谅我。"

女儿的话瞬间软化了我的心，感动之余，忽然觉得自己从来没有向孩子表达过自己的辛苦，却总是希望她能无条件理解我的辛苦，真是委屈她了。

我接过水杯，喝了一口水，感觉整个人都温暖起来了。我拉着她的手，对她说："我刚才太冲动了，我应该先告诉你，让你知道我很累，需要你照顾我。那样，你就一定会帮我倒水的，是吗？"

女儿点了点头。

的确，并不是孩子真的不懂事，而是他没有机会或没有能力理解父母而已。此时，父母对孩子劈头盖脸的责骂只会让孩子感到莫名的委屈、难过和彷徨，因为他可能正沉浸在自己的小小世界里，压根儿无暇顾及发生了什么。

实际上，在面对孩子的各种挑剔、反抗甚至挑衅时，我们更要理解彼此的感受，只有这样的通道建立起来，孩子的同理心才能开启。

所以，试一试吧，给孩子一个理解你的机会。我相信，你一定会收获一个完全不同的孩子。

第六章

改变态度：因为彼此有爱，所以更要好好沟通

著名心理学家武志红曾说："关系中产生的动力，就在关系中展现，不要憋在孤独中；关系中想说的话，就在关系中表达，不要憋在一个人的想象中。不然，它们容易被焖烂，并散发着腐朽的味道，破坏你的内在。"

与孩子的沟通也一样，我们在生活中遇到什么难题，或对孩子有什么想法、感受、建议等，都明明白白地告诉孩子，这些话不但不会影响我们跟孩子的关系，还会让孩子感觉自己被尊重、被父母平等对待，继而也更有安全感，更乐意接受父母的建议和观点。

倾听，耐心听听孩子怎么说

在大多数父母的观念中，与孩子沟通的方式主要是自己"说"，而孩子只需要"听"就行了。其实，真正有效的沟通方式在于"听"，理由很简单，因为你根本无法通过"说"了解孩子内心的所思所想。只有先听懂孩子说什么，你才不会在了解实际情况之前做出错误的决定，或说出不恰当的话语、做出不合适的行为；也只有这样，你才能知道孩子在想什么，从而有针对性地给予孩子关心和帮助，也才会令亲子间的沟通变得更容易、更有效。

任何一个孩子，都渴望得到他人的爱护与肯定，尤其是他生活中的重要人物，比如父母、老师、朋友等。同样，他也有强烈的想要向成人表达内心情感的渴求，这时孩子需要的就是有人耐心地倾听他的诉说，理解他内心的感受。

可惜的是，很多父母不明白这个道理，一发现孩子做了违背自己要求或期待的事，就会滔滔不绝地教训孩子：

"你怎么能那样对小朋友呢？那样多没礼貌呀！"

"我可不喜欢你这个样子，动不动就哭，哭，哭！"

"老师怎么不批评别人，只批评你，肯定是你表现不好！"

"你怎么又没考到90分，连续两次都在90分以下，你是怎么学习的？"

……

在这个过程中，有些父母根本不给孩子申辩的机会，更别说倾听了。

殊不知，孩子可能刚刚被小朋友欺负，正感到委屈；可能被老师冤枉了，心里正难过；可能这次考试的题目很难，全班都没有考上90分的……但是，父母没有倾听，就对孩子一通批评。如此，孩子的内心会高兴吗？久而久之，孩子又怎么会愿意与父母敞开心扉地沟通呢？

在日本著名作家黑柳彻子所著的《窗边的小豆豆》中，校长小林宗作先生每次都会非常认真、耐心地听小豆豆说话，有时甚至能专注地听三四个小时。而刚刚六七岁的小豆豆，所讲的无非是一些幼稚的小事，但小林宗作先生却一点儿也不厌烦。

所以，小豆豆特别喜欢校长，也特别感激校长，甚至"感到自己有生以来第一次碰上了真正可亲的人"，因为"小豆豆长这么大，还从来没有人用这么长的时间来听自己讲话"。

可见，被温柔倾听的孩子，内心是多么满足。在孩子看来，即使是再平常不过的小事，都会令他兴奋得像发现了宝藏一样，迫不及待地想要与自己最亲近的人分享，渴望倾诉自己的兴奋之情。这时，父母任何的一点儿不耐烦和敷衍，都像是泼向孩子的冷水，让他不得不扫兴地闭上小嘴巴，内心的失落可想而知。

所以，父母要想与孩子实现良性沟通，就要先花一点儿时间，认真地听听孩子说的话。但在倾听时，还要注意下面三个问题：

1. 与孩子要有眼神交流

在倾听孩子说话时，要看着孩子的眼睛，与孩子有眼神交流，这其

实是让孩子知道，他与我们一样，是作为一个独立的个体存在的，我们
重视他所说的话，并且愿意认真倾听。

当孩子在诉说时，不管他的观点在我们听起来多么可笑、幼稚，或
者存在明显的错误，也不要急于打断，而是先耐心地听孩子把话说完。
孩子从父母这里得到了尊重和关注，内心才会获得满足感，同时也能感
受到父母的真诚与爱意，接下来也更容易接受父母的建议、观点等，进
而形成良性的亲子沟通。

2. 给予孩子适当的积极回应

在倾听孩子的表达时，最令孩子扫兴的话莫过于父母的一句"我早
就知道了"。简单的一句话，就能浇灭孩子所有的表达兴致。久而久之，
孩子就再也不想跟父母说太多了。

聪明的父母一般会在孩子说话时，给予孩子积极的反馈和回应，引
导和鼓励孩子继续说。比如，我们可以用下面的话来回应孩子：

"哇，你说的是真的吗？"

"竟然有这样的事？我简直不敢相信！"

"接着又发生了什么？然后呢？"

"那你是怎么想的？你会支持你朋友的做法吗？"

"你觉得老师这样说对吗？换作是你，你会怎么办呢？"

"哈，那你简直发现了新大陆啊，你是不是很激动？"

……

通过类似以上这些语言回应，孩子才能真正感受到你在听他说，并
且也更愿意继续分享他的想法。

3. 需要打断孩子时，要向孩子解释原因

在孩子诉说时，我们可能会突然因为其他事情不得不打断孩子，或我们自己情绪不好，无法耐心听孩子说话，想要安静一会儿。这时，我们需要耐心地向孩子解释一下，而不是嫌弃孩子吵闹、不懂事，否则很容易打消孩子与我们沟通的积极性。

我们可以这样对孩子说：

"对不起，宝贝，爸爸现在必须接一个重要电话。等爸爸接完电话，我们再继续好吗？"

"今天妈妈很累，没精力听你讲有趣的故事了，明天妈妈休息好了，我们再慢慢讲，好不好？"

"妈妈今天心情不太好，想一个人静静，你能先一个人玩一会儿吗？等妈妈好些了，就来找你聊天，可以吗？"

……

当我们耐心地向孩子解释原因或者说出自己的感受时，孩子也会在倾听中了解到父母的需求。这种彼此尊重的沟通方式，必然会让父母和孩子都受益良多。

此外，我们还可以在行动上表示自己在耐心地听孩子说话，比如给孩子一个鼓励的眼神或微笑、拍拍孩子的肩膀、伸出手指点个赞等，都是在向孩子表达你的态度。孩子在得到父母的鼓励后，也必然更乐于与父母沟通、交流。

信任，好好说话源于对彼此的信任

很多家长和孩子可能都看过一部名叫《龙猫》的动画片，其中的妹妹小梅在无意中遇到了一只大龙猫，小梅还趴在大龙猫的身上睡着了。而当姐姐小月把小梅叫醒后，小梅却发现大龙猫不见了。

小梅告诉姐姐和爸爸，说她今天遇到了大龙猫，可当她带着他们去大森林找大龙猫时，却怎么也找不到。小月不信小梅说的话，嘲笑她就是在瞎说，小梅一再强调："我真的没有骗你们！"

这时，爸爸笑着对小梅说："爸爸相信你，你今天一定遇到了这森林的主人。"

得到爸爸的信任后，小梅立刻笑逐颜开！

在培养孩子的过程中，信任孩子是非常重要的。孩子也总是渴望得到成人的认可、赞赏和信任，并通过这些来肯定自我、发展自我。不仅如此，孩子还会感到自己与父母处于平等地位，从而更愿意亲近父母，有心里话也更愿意与父母倾诉。这就增进了父母对孩子内心世界的了解，在教育孩子时也更能有的放矢，获得更好的效果。

但是，能真正信任孩子的父母却不多，更多的时候我们看到的是父母对孩子各种行为的不满、气愤甚至反感。

譬如，当你的孩子考试考砸了后，你会愿意相信孩子的解释吗？会不会怀疑他没有认真学习，或者考试前贪玩，没有好好复习？在考试结束后，经常有父母训斥孩子：

"你就考这么点分数？你是怎么学的？"

"你连这么简单的题都不会，你上学都学啥了？"

"你们班很多同学都考了100分，你怎么才考这么点？"

……

除了学习问题外，父母对孩子还会有很多的不满，比如经常这样"控诉"自家孩子：

"我就知道你不行，你就是不听，结果搞砸了吧！"

"我早就说过，你不是学钢琴的料，结果怎么样？刚学两个月就不学了，浪费一大笔钱！"

"说了不让你玩游戏，你就偷着玩，现在只好在你房间装个监控，随时看着你！"

"不要再骗我了，这肯定就是你干的！"

"你总说自己要努力学习，可结果总让人失望，我还怎么相信你？"

……

这些话语，都是因为对孩子不够信任。经常这样与孩子沟通，孩子的自尊心和自信心都会受到伤害，对父母的信赖也会大大减弱。曾经有一位老师，在全国的几十所学校里做了个调查，调查内容是：如果你遇到了危险，或者遇到了难以解决的问题，你首先会向谁求助？结果出乎意料，首先选择向父母求助的人竟然不到7%。导致这样的结果，很大一部分原因是父母不相信孩子，对孩子说的话、做的事都持怀疑态度。父母与孩子之间的信任是相互的：你不信任我，我又怎么会信任你呢?

　　所以,在孩子的成长过程中,父母要善于做孩子的啦啦队,经常为孩子加油喝彩、鼓掌欢呼,给予孩子充分的信任和鼓励。只有这样,彼此间的沟通才能更顺畅。

1. 相信孩子能完成他责任范围内的事

　　不同年龄的孩子所能完成的事也不一样,但日常的衣食住行和学习上的事却是他们必须完成的,但就是这些事,很多父母也不信任孩子能自己完成。

　　实际上,你越在这些方面表现出对孩子的不信任,孩子就越难做好。与其如此,不如在每学期开学前,与孩子进行一次比较正式的沟通,沟通一下孩子在新学期可能面对的问题和挑战、孩子当前具备的优势及需要改进的地方,并尽量在这些方面与孩子达成共识。然后,你就可以告诉孩子:

　　"妈妈相信你可以按照我们约定的去做,并且会做得更好。"

　　"爸爸相信,只要你努力,肯定能达到目标。加油!"

　　"我们相信你,如果需要我们的帮助,我们也一定会全力支持!"

　　每个孩子的潜力都是巨大的,而来自父母的信任往往更能有效激发孩子内在的潜能,增强孩子的信心和能力。在这种内驱力的作用下,孩子也会尽可能地把他责任范围内的事情完成得很好。

2. 相信孩子能认识到自己的错误和不足

　　很多时候,我们总觉得孩子什么都不懂、什么都做不好,所以当孩子出现某些不当言行或暴露出某些缺点时，总是会严厉地呵斥、责备孩子。

其实，只要我们有点耐心，告知一下孩子的言行会引发的后果，孩子往往马上就能意识到自己的错误。这时再加以引导，孩子也能知道怎么做才是正确的。

比如，孩子在走路时不小心撞到了别人，却没有道歉，转身就走了。这时，有的父母可能就会训斥孩子："你怎么这么没礼貌？走路从来没个正经样子！"

这时孩子可能会生气，觉得被父母责骂很没面子，半天不高兴。

但如果你换个说法，并且给予孩子足够的信任，就可以这样跟孩子说："你撞到别人了，我相信你知道该怎么做吧？"

这样既指出了孩子的不当行为，又提醒了孩子，孩子很自然地就知道向被撞者道歉了。

3. 相信孩子有想要变得更好的意愿

这是父母最容易忽略的一点。很多时候孩子在做错事后，本来很想改正，可父母立刻上纲上线，对孩子一顿训斥。比如，孩子拖地时不小心碰倒了家里的花瓶，父母没有帮孩子分析是怎样造成这个结果的，反而呵斥孩子："看看你，干什么都慌慌张张的，什么都做不好！"

孩子本来想马上整理好，下次再拖地时一定要注意，但听父母这么一说，可能连继续做家务的念头都打消了。因为怕做不好再挨骂，干脆以后不做了。

这时如果换个说法，如："你虽然打破了一个花瓶，但地拖得还是很干净的，就是下次要小心一些。"

　　这样既简单地提醒了孩子所犯的错误，同时又肯定了孩子的付出。孩子为了获得父母更多的肯定，下次做家务时也一定会想起上次自己做得不好的地方，从而更加小心，把事情完成得更好。

欣赏，看到孩子的优点和长处

虽然每个孩子的天资有别，接受新事物有快有慢，学习成绩也有好有坏，但不可否认的是，每个孩子都有自己的优点与长处。哪怕是平时表现再不好的孩子，我们也能从他身上找到优点。

但是，很多父母在与孩子相处过程中，总是盯着孩子的缺点不放，却很少能够看到孩子的优点。这就像一张白纸上有一个黑点一样，人的目光总是容易看到那个黑点，而忽略黑点周围大片的白色。这个黑点就像是孩子的缺点一样，而白色就是孩子的优点。明明有很多优点，一些父母还是会一下子把目光落在那个黑点上。

父母所关注的点不同，与孩子的沟通方式自然也会不同，所以我们经常会听到父母数落自家孩子：

"你看你，做什么都磨磨蹭蹭的，没完没了。"

"你胆子太小了，就一只小虫子而已，有什么好怕的？"

"你就是个闷葫芦，见人也不爱说话！"

"你总是这么粗心，写作业丢三落四的！"

"你能不能有点耐心？做什么都是三分钟热度，坚持不了多久！"

……

当然，孩子的表现可能的确存在问题，但如果换个角度看，也许这些问题中也暗含着孩子的优点，比如，孩子做事磨蹭，但他可能做得很仔细；孩子怕虫子，但可能因此而不会伤害小动物；孩子不爱说话，但孩子可能很有想法；孩子粗心，但可能很乐观、积极……

　　著名作家林清玄以前在做记者时，曾经报道过一个小偷作案的手法十分细腻，多次犯案都没有被发现。在报道的最后，他忍不住感叹道："这个人的心思如此缜密，手法如此灵巧，风格如此独特，如果做任何一行，应该都会有所成就的吧！"

　　让林清玄没想到的是，他无心中写下的这句评价竟然影响了一个青年的一生。后来，这个小偷放弃"老本行"，自己去创业，还成了几家饭店的大老板。后来，他专门去拜访林清玄，并对林清玄说："您的那篇报道完全打破了我生活的盲点，让我想到，除了做小偷，我怎么就没想到要做点正当行业呢！"

　　可见，有时哪怕只是几句无心的欣赏与赞美，都可能会改变一个人的一生，何况期待得到父母认可和欣赏的孩子呢！

　　但是，如果我们只看到孩子的缺点，并揪住这些缺点不放，就会令孩子感觉父母是不爱自己的。而且经常被批评和指责的孩子为了自保，就会不自觉地减少与父母的沟通，害怕自己做的、说的不符合父母的期待，又被父母批评、指责一通，结果很多情绪和需要就容易压抑在内心深处，甚至因此对父母产生怨恨心理。

　　所以，如果你希望自己的孩子成长得阳光、乐观、自信，就要多将关注点放在孩子的优点上，用欣赏、肯定的态度与孩子沟通。人都希望被欣赏、被赞赏，当优点被看见时，人的心理能量就会上升，由此也会发展出更多的优点。

作为父母，我们应该理解孩子的这种心理，学会欣赏孩子的独特个性，并把你对孩子的欣赏表达出来，让孩子知道。这样才能不断强化孩子的优点，让孩子变得积极、乐观，让亲子沟通更顺畅。

具体来说，我们可以从下面几个方面来与孩子沟通：

1. 欣赏孩子好的行为，强化孩子的正向行为

有时候，孩子在做一些事情时，尽管可能做得不够好，但在做的时候已经很努力了，这时父母就要及时给予孩子欣赏和表扬，比如这样跟孩子说：

"这么难读的句子，你都能读下来，一定下了不少功夫吧？真的很棒！"

"虽然没有跑到终点，但你表现出了了不起的耐力，给你点赞！"

"尽管这次没考好，但我发现你把试卷中最难的那道题解出来了，很厉害哦！"

"今天虽然没有拿到好成绩，但只要努力了，就很了不起！"

……

运用这些欣赏的话语与孩子沟通，不但能安抚孩子因为没能成功而失落的心情，还能让孩子明白，凡事只要付出努力，即使结果不够完美，也同样值得肯定，继而激励孩子更加努力地去证明自己。

2. 欣赏孩子做事的结果，鼓励孩子再接再厉

有些父母总认为孩子没有可欣赏的地方，做事拖拖拉拉、丢三落四，有什么可欣赏的呢？

实际上，只要孩子做了某些事，就总能找到可欣赏的点。比如孩子做家务时，你可以跟他说：

"你今天帮我做家务啦，真好！"

"谢谢你今天当我的小帮手，我感觉你一下子就长大了。"

孩子的考试成绩提高了，你可以说：

"今天考了90分，说明你的基础知识掌握得不错，继续加油哦！"

"今天的成绩，就是你自己努力的结果，所以只要努力，就会有收获。"

通过这些日常小事欣赏孩子，孩子就会觉得自己在父母眼里是有价值的，是被认可的，以后做事也更有动力，并努力做到有始有终。

3. 学会欣赏孩子本身

这种欣赏主要分两种情况，一是欣赏孩子自身所具有的一些特质、能力等，如善良、诚实、细心、勇敢、稳重等，以此强化孩子的正向特质。比如，你可以这样跟孩子说：

"妈妈非常欣赏你的勇气，你是个勇敢的男子汉！"

"你的想法与众不同，很爱思考！"

"你这么耐心地给陌生人指路，是个善良的好孩子。"

"你这么诚实，爸爸感到很骄傲！"

……

还有一种情况，就是只基于你与孩子的关系，因为生命的存在而欣赏孩子，比如：

"我觉得非常幸运，你成了我的女儿，让我感觉人生特别美好！"

"有你这样可爱的孩子，我感觉很知足。"

……

以上的这些话语，都可以提高孩子的自我价值感，让你与孩子之间的沟通更顺畅。而且这种欣赏本身对孩子来说就是一种正向的情感刺激，有利于孩子自我认同感的建立。即使孩子明明知道自己有很多缺点，但因为有父母的欣赏，他也不会感到自卑、挫败，这对于孩子建立良好的心态、发挥自己的优势大有帮助。更重要的是，这种沟通方式可以奠定你与孩子间良好的互动基础。

尊重，放下你的高姿态，孩子更容易接受

记得人本主义心理学大师罗杰斯这样说："不再想控制孩子的一切，不用自己的标准要求孩子，而是把他当成一个独立的人来尊重他，这样才会激发他的能量。相信他会成为他自己，不需要伪装，不需要压抑，他会成为一个负责任、自我主导的人，一个拥有个人目标和价值观的人。而且，他会从这种家庭关系中获得很大的满足，会爱家人、爱交流。"

这种观点简单来说，就是尊重孩子的想法和感受，不要用"家长"的身份，以高高在上的姿态去与孩子沟通，多给孩子一些自己做决定的机会。即使有时明知道孩子的行为可能会带来不好的结果，但如果孩子不能自己做决定，不能自己去经历一遍，不去撞到那个"南墙"，他就无法真正学习到经验，也难以更好地成长。

但是，现在大部分家长在与孩子沟通时，都会不断地向孩子说教，给孩子传授经验，没有给孩子自己做决定或体验的成长机会。尤其看到孩子想要尝试一些新鲜事物时，总是习惯这样对孩子说：

"你不行，你做不了这个！"

"养什么狗呀？你连自己都不会照顾，怎么能照顾狗？到时候还不是我来照顾！"

"学音乐有什么用？也不能当饭吃！还是想想怎么把学习成绩提高吧！"

"我像你这么大时，学习可比你努力多了！"

"小孩子干不了这个，你非逞能！看看，搞砸了吧？"

……

结果呢？孩子要么用哭闹发泄情绪、要挟家长；要么对家长心怀不满，以后有什么事也不愿意跟家长商量了。

实际上，当我们不再试图改变孩子，给予孩子一定的自主权，并尽量满足孩子的兴趣爱好后，孩子内心的反抗情绪就会越来越少，与家长沟通起来也更顺畅。在这种情况下，你再跟孩子商量一些事情，他反而更容易答应。

但有些家长可能会说："我们也很愿意尊重孩子，也乐意支持孩子的兴趣爱好，但孩子的一些言行我们真接受不了！比如他要学唱歌，要当明星，可我们根本看不到他有唱歌、当明星的潜力，那也不能让他拿着钱去瞎折腾呀？跟他说不行，就跟我们顶嘴、闹情绪！"

　　曾是新东方学校的联合创始人之一的徐小平有两个儿子，虽然个性不同，但兴趣却很相似，他们在十四五岁之前，都梦想着要成为摇滚明星。虽然徐小平也没看出两个孩子有这方面的天赋，却没有直接干涉或阻止，而是表现出对他们的鼓励和欣赏，让他们自由追求自己的爱好，还给他们报了一个短期的培训班，又买了吉他。两个孩子每天在家里弹吉他，玩得不亦乐乎。

　　后来，小儿子又喜欢上了烹饪，坚持要报烹饪班。徐小平虽然不解，但仍然尊重了孩子的想法，给他报了个烹饪班，让他专门去学习烹饪。当时家人都反对，但徐小平说，不管孩子是不是真心喜欢，去尝试一下也没什么坏处。如果孩子以后真当了厨师，在大家面前露一手厨艺，那是多拉风的事啊，想必还会很受女孩子欢迎呢！

由此可见，当孩子有一些自己的想法时，哪怕他的想法与我们期望的可能有偏差，只要不违背法律和道德，就要用尊重的眼光来看待。

我们常说要爱孩子，那么爱到底是什么？爱，就是你明知孩子可能会犯错，明知这条路可能走不通，明知孩子可能坚持不下去，但仍然愿意放下你的高姿态，停止你的说教与"经验"传授。要知道，你和孩子之间不是统治与被统治的关系，而应该像朋友一样平等，并能从心里尊重孩子的想法和意愿，鼓励孩子去尝试，而不是用自己的想法去干涉、限制。试想一下，就算孩子喜欢音乐而没有成为音乐家，喜欢烹饪而没有成为厨师，但把这些兴趣当成自己受益终身的技艺，不也是一件快乐的事吗？更重要的是，通过这个过程，他们体会到了家长对他们的尊重与支持，感觉到了家长对自己的爱。

所以，如果你发现孩子不愿意与你沟通，不妨先改变一下自己的态度，从下面两个方面去尝试：

1. 放下家长的权威，以平等的姿态与孩子沟通

很多家长经常抱怨很难与孩子沟通，其实不是孩子难沟通，是家长的要求不公平：他们要求了解孩子的内心世界，却又放不下自己的面子、权威，经常用一种高高在上的姿态与孩子说话。比如：

"你到底怎么想的？为什么要这样做？"

"早跟你说了，那样做不行，就是不听我的，看看现在的局面？"

"你小孩子懂什么，听我的就行了！"

……

实际上，当你这样与孩子说话时，哪怕你很想知道孩子的想法，想让孩子接受教训，孩子也很难接受，他们会想："你们高高在上，只知道对我说教，根本就不尊重我、不理解我！"

真正尊重孩子，是你有勇气放下自己作为家长的权威，把孩子当成一个独立的有思想、有感受的个体，允许并支持孩子的想法和选择。你不想要的、不想做的、不喜欢的，不要强加在孩子身上；即使是你自己想要的、想做的和喜欢的，如果并不是孩子想要的，也不要强加在孩子身上。

比如，孩子想要养一只小狗，虽然你知道孩子可能坚持不下来，但可以这样与孩子沟通：

"我知道你喜欢小狗，但你确定自己能够照顾好它吗？"

"养一只小狗的想法确实不错，你想清楚了吗？"

"我曾经也养过一只小狗，照顾小狗是件比较麻烦的事，你感觉自己有时间吗？"

……

当你这样与孩子沟通时，孩子就会冷静下来，认真地思考自己是否真的能照顾好一只小狗。如果孩子仍然坚持，那么尝试一下也不错。

2. 站在孩子的角度思考问题，像朋友一样与孩子沟通

学习尊重孩子，一个最有效的方式就是经常把自己换到孩子的角度上，推己及人地考虑问题。尤其当我们与孩子之间出现矛盾时，不妨先

问问自己："如果别人这样对我，我会喜欢吗？""如果这不是我的孩子，而是我的朋友，我会这样对他吗？"这两个问题就能把我们拉到孩子的位置上，去体会孩子当时的感受。如果你不喜欢这种感受，又怎么能指望孩子会喜欢呢？

几乎所有的亲子沟通问题，归结起来其实都是视角问题，也就是同理心或共情问题。所以，爱孩子、尊重孩子，就要学会从孩子的角度去看问题，体会孩子的内心感受。《小王子》中有句话说："每一个大人都曾经是个孩子，只是我们忘记了。"我们忘记了，自己也曾经那么想要自己做主，一张贴纸、一辆玩具车，这些在我们家长眼里不屑一顾的事，曾经也是我们的整个世界。孩子也有同样的感受。所以尊重的前提，就是允许孩子有和我们不同的、独立的感受和想法。一旦我们的脑海中闪出"这么点小事儿"的念头时，请提醒自己，孩子在乎的事，对孩子来说就是大事。

坦诚，开放的沟通才更有效

虽然我们并不想朝孩子发脾气，也不想指责、批评孩子，但孩子在成长过程中不可能永远如我们所愿，也不可能永远不犯错，在这些时候，就需要父母有高度的自制力控制自己的情绪，耐心地与孩子交流。

然而，不是每一个父母都有这样的自制力或耐心的，或者正赶上父母情绪不好，孩子又犯了错，父母可能就会忍无可忍大声呵斥孩子。如果经常这样，就会影响彼此间的沟通。

实际上，当孩子表现出一些不当的言行时，父母与其刻意忍着怒气，不让自己对孩子发火，或者上纲上线地批评孩子一顿，不如坦诚、开放地与孩子沟通一下，把你此刻的想法、感受等告诉孩子，并且表示期望与孩子建立彼此信任、理解的互动关系。

还有些时候，父母会由于某种原因，比如怕孩子知道真相后受到伤害，刻意对孩子隐瞒一些事情，与孩子说话也经常遮遮掩掩，结果不仅不能换来孩子的理解，还可能造成孩子的误解，让彼此的关系陷入僵局。

　　　　网上有这样一个故事：一个本来经济不太富裕的家庭，为了能让儿子快乐地度过少年时代，父母对儿子的各种要求都尽量满足，有时甚至会借钱给孩子买各种名牌，而自己私下却十分节俭。跟孩子沟通时，也经常跟孩子说："没关系，只要你好好学习，想要什么爸爸妈妈都会买给你。"

有一次，儿子提出要买一台电脑，因为他的朋友都有电脑用，但父亲实在拿不出钱了，只好跟儿子说："爸爸最近手头有点紧，要不过段时间再给你买好吗？"

没想到儿子大发雷霆，大声对父亲说："你故意的吧？你不是说我们家有钱吗？怎么可能连买一台电脑的几千块钱都没有？"

虽然这个家庭的经济条件比较差，但父母却不愿让儿子知道实情，担心孩子知道后自卑，一心想让孩子和其他孩子一样，过上无忧无虑的生活。殊不知，这种方式非但没让儿子知足，还严重影响了父子间的关系。

与孩子坦诚交流，才是对孩子最好的教育，孩子本来就是家庭中的一员，有权利知道家里的事情。相反，刻意隐瞒可能会造成一些误会，甚至激化彼此的矛盾。在很多情况下，孩子没有接受我们的观点或说教，问题并不在于孩子，而是在于父母，是父母没有体会孩子的想法和需求，便将自己认为对的强加到孩子身上。甚至在彼此沟通不畅的情况下，仍然坚持自己的观点，结果令亲子关系越来越僵。

著名心理学家武志红曾说："关系中产生的动力，就在关系中展现，不要憋在孤独中；关系中想说的话，就在关系中表达，不要憋在一个人的想象中。不然，它们容易被焖烂，并散发着腐朽的味道，破坏你的内在。"

与孩子的沟通也一样，我们在生活中遇到什么难题，或对孩子有什么想法、感受、建议等，都明明白白地告诉孩子，这些话不但不会影响我们跟孩子的关系，还会让孩子感觉自己被尊重、被父母平等对待，继而也更有安全感，更乐意接受父母的建议和观点。

那么，父母在与孩子沟通时，怎样做到坦诚相待呢？

1. 懂得适当向孩子"示弱"

大多数父母在孩子面前都扮演着说一不二的权威角色，似乎自己就是个永不犯错的"神仙"，殊不知，适当地向孩子示弱反而更利于亲子间的关系。尤其在与孩子沟通时，过于强势反而不如适当示弱更能换来孩子的理解，同时激发孩子的同理心和自信心。

比如，当孩子向父母请教某些问题时，父母解答不出来，这时有些父母就会敷衍孩子：

"小孩子哪儿那么多问题，长大你就知道了！"

"你天天琢磨这些有什么用？别瞎想了！"

这时孩子就会很失望，以后再有问题可能也不愿意问你了。

但如果你学会向孩子示弱，坦诚地告诉孩子实情，如：

"噢，这个问题妈妈也不知道怎么解答，要不我们一起查查资料？"

"你这个问题太高深了，妈妈竟然不知道怎么回答。"

"爸爸没有学过这个知识呀，看来你研究的知识比爸爸的知识都深奥了！"

通常情况下，当孩子发现连作为大人的父母都有不知道的事情时，就会感觉父母不再高高在上，也更愿意和父母一起学习、进步。

2. 家庭或工作中的事情有些不必刻意向孩子隐瞒

当我们在工作、生活中出现某些失误，或遭遇某些挫折时，与其刻意隐瞒自己的负面情绪，不如尝试用孩子能理解的方式，向孩子坦诚地陈述事情的原委。比如：

"妈妈今天在工作中遇到了一些麻烦，心情不太好，所以我想安静一会儿，想想解决的办法，你能自己玩一会儿吗？"

"爸爸今天有点累，想休息一会儿，你可以把电视声音调小一点儿吗？"

在跟孩子说这些话时，我们要尽量保持相对稳定的情绪，既不要对孩子大吼大叫，也不要刻意掩饰自己的负面情绪，从而让孩子懂得你的情绪触发源是什么，避免孩子将错误归因到自己身上，产生自责心理。

总之，只要我们真心把孩子当成平等的家庭成员，坦诚相待，并期望与孩子建立彼此尊重、信任、开放的关系，我们与孩子的沟通就会越来越顺畅。

合作，修复关系，让彼此都能好好说话

随着所接触人和事物的增多，孩子到了十来岁时，逐渐形成了自己的独特个性与思想，于是父母会发现，孩子似乎越来越不听话了，经常顶嘴、说反话或发脾气。总之，不管让他干什么，他好像都故意跟父母对着干、唱反调。

面对这种情况，很多父母往往会不顾孩子的想法和感受，直接利用自己的权威，粗暴地制止孩子的"不听话"行为，并强制孩子按照自己的要求执行。这种方法可能简单有效，但久而久之，就会令孩子产生反感和抵触心理，不但不利于孩子性格的养成，还会严重影响亲子间的沟通。

不止如此，在使用这种方法时，父母还要花费大量的时间和精力来监督、检查孩子的执行情况。在这期间，提醒、唠叨更是不可避免，有时还可能发生比较严重的冲突。

下面就是发生在一个爸爸和他14岁的儿子之间的对话：

儿子：爸爸，我再玩一会儿电脑游戏，就去学习。

爸爸：你已经玩了快一个小时了，怎么还玩？

儿子：我这个游戏还没玩完呢，等我玩完了，马上就去学习！

爸爸：玩什么玩，你都快中考了，学习那么紧张，怎么还玩那么长时间，多影响学习呀！

儿子：没事的爸爸，我是学习、玩两不误，我马上就玩完了啊！

爸爸：不行！你不能在游戏上浪费这么多时间，你现在不抓紧时间学习，中考考不好，有你后悔的！

儿子：好，好，我马上去学行了吧？但我这局还没完，完了我马上就去！

爸爸：现在，马上，关掉电脑，去学习！

儿子：就这么一会儿都不可以吗？天天就知道让我学习、学习，真是烦死了！

爸爸：不要抱怨，如果你不立即关掉电脑，我就把你的电脑没收！

儿子：（生气了）好吧，你赢了！我不玩了，去学习！

在这个案例中，爸爸的目的达到了，儿子妥协了，关掉游戏，去学习了。可以说，爸爸的解决方法获得了成功，尽管儿子很不情愿。

但是，大量的案例证明，这种方法表面看是有效的，可实际效果并不好，孩子带着不甘心、不情愿的情绪去学习，学习的效果怎么能好呢？想必孩子此时心心念念的仍然是他没有玩完的游戏，而不是眼前的作业。与此同时，因为是被爸爸强迫去学习的，孩子的内心可能还有对爸爸的埋怨，这就势必会影响彼此的关系。

要修复亲子之间的关系，当父母与孩子的需求出现冲突时，父母不妨抱着一种与孩子合作的态度，和孩子一起寻找一种能令双方都接受的解决方案。这样一来，当方案选定后，父母也无须再要求孩子接受或遵守，因为在寻找方案的过程中双方就已经接受了该方案。在整个过程中，父母提供了信赖和支持，孩子也会对自己做出的选择产生一种责任心和承诺感，彼此的沟通也会更顺畅。

那么，父母该怎样与孩子合作，寻找双方都认同的解决方案呢？

1. 只描述看到的事实或问题

要想实现有效沟通，父母就要改变自己对孩子的要求、命令式的说话方式，用既不会伤害孩子自尊，又不会引起孩子逆反的方式与孩子沟通。只描述看到的事实或问题，会让孩子把注意力集中在事实或问题本身上，而不是大人的态度上。这其实也相当于用另一种更温柔的方式在告诉孩子该怎么做。

比如，在上面的案例中：

儿子：爸爸，我再玩一会儿电脑游戏，就去学习。

爸爸：我看到你已经玩了快一小时了。

儿子：呃……好像是吧！

爸爸：我担心这影响你的视力，还有你的学习……

儿子：等我玩完这个游戏，马上，马上……

爸爸：……

对于孩子来说，父母的提示要远比责备好受得多，孩子也能接受并听进去。更重要的是，孩子会因此而懂得下一步该怎么做。

所以，用最简单的语句描述看到的事实或问题，再坦诚地表达出感受，或担心，或生气，然后沉默下来，给予孩子充分的思考时间。孩子是可以体会到父母的情绪和期待的。

2. 向孩子提出新的建议

如果孩子仍然没有做出改变，父母也可以向孩子提出新的建议，让孩子从不同角度思考或看待问题，给予孩子重新思考的机会，让孩子明白，父母的看法有时会与自己不同，是因为他们在从另一个角度思考问题，从而促使他们理解父母的想法，走出以自我为中心的限制。

仍然以上面的案例为例，如果孩子仍然不想停止游戏，爸爸可以这样说：

"儿子，我建议你每次自己限定一个玩游戏的时间，如果这次超时了，下次就要相应地减少时间，你觉得怎么样？"

"因为我觉得，如果你每次玩的时间太长的话，可能会影响学习。试想一下，如果我在上班时看电视，是不是会影响工作？"

通过这种方式沟通，孩子也比较愿意接受，而且当孩子接收到这么多的交流和引导后，思维也会更全面。

3. 提供多个选择

如果父母与孩子之间一时不能达成共识，我们也可以给孩子多提供几个选项，但要注意，不要用二选一的方法，可以提供三个或三个以上选项，让孩子从中做出一个选择。比如，你可以这样跟孩子说：

"现在有四个选择，你可以从中选一个，你最倾向哪一个？"

"现在出现了一、二、三等几个选择，你打算选哪一个？"

这样一来，孩子不但能从中体会到父母的尊重，还能培养自主性和独立思考能力。

总之，亲子之间的沟通是一门技巧，父母有教育孩子的责任，但也有不断学习的义务。明智的父母会承认，自己要学习的内容与孩子一样多，尤其是要学习亲子之间沟通的技巧，来改善亲子关系。当然，无论是父母或孩子，只有心存对彼此的爱，凡事都保持一种弹性和可谅解的态度，那么彼此间的冲突也将被消弭于无形，这既是促进家庭和谐的重要一步，也是促进孩子健康成长的关键性一步。

第七章

重构关系：远离暴力式沟通，让沟通更有效

　　遇到问题或出现矛盾时，多与孩子商量，而不是一味地命令孩子、斥责孩子，给予孩子一些可以自己做选择的机会，是父母应该具备的重要的爱的能力。这并不是对孩子的迁就，也不是对孩子的纵容，而是与孩子和谐相处、实现良性沟通的有效途径。

没有孩子能被说服，除非他自己愿意

有这样一句很有趣的话：从来没有一只耳朵，是被嘴巴真正说服的。这句话同样适用于父母与孩子之间的沟通。很多时候，我们都习惯于给孩子讲很多大道理，希望以此让孩子听话、懂事、理解父母对他的爱，最后却发现几乎起不到任何作用。不仅不起作用，反而还可能引起孩子的反感。

这就提醒我们，孩子在成长路上发生的所有改变都不是被父母说服的，而是发自内心产生的，因为感受到爱、尊严、信任、接纳，孩子才心甘情愿地被影响、被改变。

有位妈妈在网上分享了发生在自己和儿子身上的一件事：

这个男孩小时候很爱打架，小学三年级时，还把班里的一位同学打伤了，父母很生气，平时对孩子又是讲道理，又是严厉批评，都毫无效果。

有一次，妈妈带着男孩去看一场青少年跆拳道比赛，男孩一下就被跆拳道中那种礼仪、尊重以及对手之间的对抗吸引住了，并且当即就跟妈妈提出，自己要学习跆拳道。

妈妈也尊重孩子的兴趣，于是找了一个培训班，与教练首先进行了一番沟通。然后，妈妈就带着男孩去报名了，没想到教练却对男孩说："很抱歉，我不能收你，因为我听说你没学跆拳道前，就已经打伤过人了，要是学会了，还不得四处打人！"

原本兴冲冲的男孩一听教练的话，急得都快哭了，急忙保证自己再也不打架了。后来在教练的指导下，孩子果然不再打架，并且经过半年的训练，还在一次重要的比赛中得了奖。

父母都爱自己的孩子，都希望与孩子之间亲密相处、顺畅沟通，希望孩子能在自己的教育下变得懂事、听话、有出息。但是，要想让孩子朝着这个方向发展，绝不是靠父母的说教、控制所能达到的，只有激发出孩子内在的驱动力，让其从认知上发生改变，他的成长和改变才会自然而然地发生，这要比千万句说教更有意义。

心理学研究发现，人们更乐意接受喜欢的人所传达的观点和意见。也就是说，不是因为对方说得有道理，我们才愿意接受，而是因为喜欢他，所以才认为他说得对。

对于孩子来说，这一点同样适用。如果父母想与孩子构建融洽的关系和愉快的沟通氛围，就要注意下面两个问题：

1. 让自己成为孩子喜欢的人

著名教育家孙云晓曾经说过："好的亲子关系，就是好的家庭教育。什么时候你和孩子的关系是好的，你的教育就是成功的。"

这也说明，我们与孩子之间的关系质量，将决定孩子是否愿意接受我们的观点和建议。如果孩子总是跟父母对着干，那么父母就要反思一下，自己与孩子在相处过程中到底出现了什么问题。

在任何时候，孩子都不喜欢父母控制自己、命令自己，而是喜欢与父母以一种平等、尊重、信任的方式相处。即使自己犯了错，父母也不是粗暴地批评、嘲笑甚至打骂自己，而是能够理解、耐心地引导自己，给自己机会，让自己改正。这样的父母，哪个孩子会不喜欢呢？

2. 如果给孩子讲道理，不妨采用"名人效应"法

相信很多父母在跟孩子讲道理时，说得最多的话就是：

"你怎么这么不听话呢，我还能害你吗？"

"我们都是过来人，你这点事儿还能弄不明白？"

"不听老人言，吃亏在眼前！你不听我们的话，早晚后悔！"

……

可你越是这样说，孩子越觉得你的话没有分量、没有权威性，甚至越发不相信。

那么，怎么才能让自己的话在孩子听来有分量并愿意接受呢？有一个小窍门，就是用"名人效应"，比如，我们换成这样的方式来说：

"你们校长说了，你们学校的升学率很高，只要努力，都能考上好大学。"

"医生说了，你的这个习惯会影响睡眠质量，睡眠不好，人肯定就没精神！"

"我在电视上看了，专家说……"

……

总之，就是尽可能地用孩子信服的权威来帮助你传达建议，因为在孩子看来，除了父母之外的第三方是没必要欺骗自己的，所以也容易对这些内容深信不疑，并从内心中接受这些建议，继而改变自己的不当行为。

向孩子敞开心扉，让孩子了解父母

父母与孩子的关系是世界上最亲密的关系，所以父母应该与孩子分享彼此间的喜怒哀乐。可是，大多数父母只想让孩子向自己敞开心扉，却很少向孩子敞开心扉。这种观念，就为亲子间的沟通设置了障碍。

事实上，要与孩子间实现真正的顺畅沟通，我们就要适当地与孩子分享自己的心情，让孩子感受到父母与自己的平等地位，感受到父母对自己的信任和尊重。心理学家研究后发现，如果父母能够经常性地向孩子袒露真实的自己，那么孩子也很容易被父母打动，同时也更愿意与父母沟通。

孩子的心是敏感的，有时父母是不是开心、是不是生气，他都能感觉得到。但是，当孩子问："爸爸，你为什么不高兴呢？"或者"妈妈，你在生气吗？"时，很多父母往往这样回答孩子：

"没有不高兴啊，我很好。"

"小孩子不要管那么多！"

"妈妈没事，去玩你的吧！"

"爸爸很好啊，没有不高兴，小孩子别想那么多啦！"

……

孩子其实是能感受到父母的情绪，他会很想关心父母，可父母这样的回答就相当于拒绝了孩子的关心。久而久之，孩子就会觉得："噢，原来父母的事跟我没关系，那我的事也跟他们没关系吧！"

于是，当孩子表现出一些问题，父母在跟孩子交流时，就会问：

"你到底在想什么？为什么要这样做？"

"你是怎么想的啊，倒是说出来呀！"

"你为什么不听我的呢？现在搞成这样，你到底想怎么样？"

……

这时可能就换成孩子拒绝沟通了，因为他会想："反正你们的事我也不了解，那你们也别想了解我！""你们高高在上，只会对我说教，根本就不理解我！"

平等是沟通的基础，要想与孩子实现有效沟通，父母就必须让彼此间的沟通由单向沟通变成双向沟通，适当地向孩子倾诉一下自己的所思所想。这样，孩子才会更加了解父母，甚至会渐渐理解和体会父母的不容易，也更愿意亲近父母。否则，孩子不理解父母，父母不了解孩子，双方的沟通又如何能顺畅呢？

　　网上有这样一个故事：一个女孩在5岁时，父母离异，女孩被判给了妈妈。当女孩问妈妈，为什么她跟爸爸离婚时，妈妈告诉她，是因为自己和爸爸的感情不好了才离婚的。

　　几年后，女孩的妈妈再婚，继父是一个性格很好的男人，对女孩视如己出。但是，女孩一直不愿接受这个继父，甚至暗暗责怪妈妈不应该跟爸爸离婚，让自己不能跟亲爸爸在一起。

　　直到女孩考上大学后，妈妈才告诉女孩，其实当时是因为女孩的爸爸家暴妈妈，甚至在妈妈怀孕时对她拳打脚踢，导致妈妈流产，终生不能再生育，妈妈才选择跟爸爸离婚。

这时，女孩才真正体会到妈妈的不容易，更理解了继父多年来对自己的接纳、包容和爱护。可是，如果她能早些知道真相，也许就不会这么多年对父母离婚的事耿耿于怀，更不会对继父充满误解了。

所以，在很多时候，我们与其对孩子隐瞒一些事实、情绪等，倒不如直接对孩子敞开心扉，用孩子能听懂、能理解的语言，把自己的经历、想法、愿望等讲给孩子听。这不仅能加深亲子之间的情感沟通，还能传达给孩子一些处世的经验、态度等。

1. 把自己的工作、经历等，说给孩子听听

多数父母都经常要求孩子向自己汇报学习情况，却很少把自己的工作情况告诉孩子。其实，经常把自己的工作讲述给孩子好处很多，孩子可以知道父母每天都在忙什么，知道父母在工作中也会遇到困难、挫折……现在很多孩子不知道父母工作赚钱辛苦，花钱大手大脚，完全不懂得节俭，而经常跟孩子聊一聊工作的事，孩子也会了解父母工作的辛苦，可能就会因此而懂得节俭，并且还会为了回报父母而认真学习。

与此同时，父母也可以向孩子讲述一下自己的经历，比如自己曾经有过什么梦想，为了追求梦想付出过哪些努力，最终获得了哪些成就，等等。这些不但不会降低自己在孩子心中的威严，还会让孩子更加尊重你、信任你，以你为榜样。

2. 适当地向孩子"示弱"

在大多数孩子的眼中，父母都是强势的、能干的，对孩子说话也经常表现得很强势，如：

"这件事你做不了，别逞强了，放那里我来做！"

"都说了，你不行，为什么不听我的话？"

"我吃过的盐比你吃过的米都多，你听我的还能有错？"

"赶紧把你的房间收拾干净！"

……

父母这样做的初衷，也许是为了维护自己的权威，但经常用这样的方式与孩子说话，就会让孩子产生一种压抑感，久而久之，孩子也就不愿再跟父母交流了。

聪明的父母会懂得适当在孩子面前示弱，尤其当自己生病、感到劳累、心情不佳、工作不如意时，在孩子面前做个弱者，把自己的烦恼、问题等说给孩子听，比如：

"妈妈今天的头好疼，你能帮妈妈去买点药吗？"

"爸爸今天在工作中遇到了点麻烦，现在心情很糟糕。"

"妈妈今天被领导批评了，心情很不好，你能陪妈妈坐一会儿吗？"

……

这时，孩子就会理解，原来那么强大的父母也有自己的烦恼、有自己做不到的事，我不能再给父母添乱了。所以慢慢你就会发现，孩子变得比以前更在乎父母的感受，也更懂事了。这表明，当父母学会示弱，学会用平等的姿态与孩子沟通时，不但不会让孩子认为父母很差、很弱，反而还能激发孩子的责任感和保护欲，促进孩子的心灵成长。

总而言之，要想与孩子实现良性沟通，父母与孩子之间的沟通就一定得是双向的。就像美国著名教育家斯托夫人提出的那样，应该让孩子了解父母的烦恼，这无论对孩子还是对父母来说，都是明智之举。

适当距离适量爱，才能与孩子相处融洽

生物学家曾经做过这样一个实验：在一个寒冷的冬天，把两只刺猬放到户外，刺猬感到很冷，就想靠在一起取暖。可刚一靠近，它们就被对方的刺刺痛了，于是只好分开。不一会儿，刺猬又冻得受不了了，再次向一起靠，结果又被刺痛了。反复几次后，两只刺猬终于找到了最适合彼此的距离，这个距离既能让它们彼此取暖，又不会刺痛对方。这就是心理学上著名的刺猬法则。

不管是在朋友之间、夫妻之间，还是父母与孩子之间，如果彼此靠得太近，毫无距离感，就很容易引发矛盾；但距离太远，又会显得生疏。只有彼此间找到一个适当的相处距离，才会感觉舒服。

说到这，很多父母可能感到不解："我们不是应该爱孩子吗？爱孩子不是应该越近越好吗？怎么还要有距离呢？"所以，绝大多数父母与孩子之间都是零距离接触，对孩子的一举一动、一言一行倍加关注，总想着替孩子做好每一个决定，生怕照顾不好孩子，或者一不留心孩子学坏了。殊不知，父母给予的这一切，与孩子真正想要的并不一定相符，这也就导致越来越多的父母抱怨孩子"不懂感恩""不懂事"，而孩子总是嫌弃父母"管太多"。

其实这种情况也不难理解，我们可以换位思考一下，如果有人每天时时刻刻都在关注你、关心你，完全不让你有自己独处的时间和空间，你会感觉舒适吗？你会因此就与对方关系更亲近吗？

这就提醒父母，在家庭中与孩子相处时，一定要有适当的距离，给予孩子的爱也要适量，不要把自己全部的爱和期待、意愿等都强加在孩子身上，对孩子提出各种各样的要求，并强迫孩子遵守和完成。孩子没有任何自由和自我时，不仅身心承受着巨大的压力，与父母的关系、彼此间的沟通等，也都很难融洽。

那么，父母该怎样把握与孩子之间的距离，才能让孩子既可以感受到父母的爱，又不会感到压抑、束缚呢？

1. 学会"藏"起一半爱，给予孩子一定的空间和时间

怎样才算"藏"起一半爱呢？就是我们明明对孩子的爱是10分，但只表达出5分，把另外5分"藏"起来。孩子从我们给予的5分爱中，就能感受到我们的关心、关注，而"藏"起来的5分爱，却可以让孩子学会独立，也更有自由感和空间感。

比如，当孩子不小心摔倒了，我们在确定孩子没有受伤后，就收回想要马上扶起孩子的手，然后对孩子说：

"宝贝，妈妈相信你可以自己站起来，加油哦！"

当孩子学习上遇到困难时，我们虽然很担心，甚至忍不住想告诉孩子答案，但仍然要耐心坐下来，适当提醒孩子说：

"你试着找一找，这道题中的关键词是什么？"

"你打开课本，找找这道题要用到的公式是什么？"

当孩子在你的提示下解决了问题后，你再对他说：

"哇，我还没帮你，你就自己想到解决办法了，真棒！"

只有双方之间保持着这样适当的距离，孩子才会不断学习、不断成长，获得各种体验和进步，并且不会感到自己的自由被剥夺、空间被侵犯，也才会真正从心理上感受到父母对自己的爱和尊重。

2. 对于孩子的问题，应做到"非请勿帮，请了再帮"

很多时候，一旦孩子遇到了问题，父母马上就伸出手去帮助孩子。父母的做法虽然是出于爱，但却破坏了彼此间的距离，有时甚至会产生"出力不讨好"的结果。

所以，在孩子遇到了难题而没有主动请求父母帮忙时，即使父母很想帮忙，也要克制住这种冲动，不要主动去帮。如果父母感到担心，可以跟孩子沟通一下，比如问问孩子：

"你需要爸爸为你做些什么吗？"

"妈妈现在也不知该怎么办，你对这个问题有什么想法？"

"你感觉现在最大的难题是什么？"

……

这种沟通方式，既向孩子表达了父母的关注，又给予了孩子相对自由的空间，让孩子能够自己思考、自己决定。此时，不管孩子是否需要父母帮忙，他的内心都获得了一个重要信息，那就是："父母愿意给我提供帮助，愿意听我的想法，但父母更尊重我自己的想法和决定。"

这样的信息对于亲子关系的构建以及彼此间的良性沟通是非常重要的，尤其对于青春期的孩子来说，父母这样做显然满足了他被尊重、被信任的心理需求。这时，孩子再有什么想法、感受等，也会愿意说出来跟父母分享，或者也会请父母帮忙，和他一起解决问题。而在这个过程中，父母与孩子之间既表现出了适当的距离，又让彼此间的关系变得融洽、和谐。

凡事多与孩子商量，让孩子自己做选择

在某电视节目中，曾经有这样一个话题："如果你拥有一键定制的按钮，你想给孩子定制什么样的人生？"

有这样一个故事：

有一次，一个男孩的妈妈到商场花了2000元钱给孩子买了一双鞋，她觉得这双鞋特别帅气。可当她兴冲冲地把这双鞋拿给孩子时，孩子却一脸嫌弃，认为这双鞋根本不好看，因为上面没有他喜欢的卡通图案。虽然带有卡通图案的鞋子可能几十元钱就能买到，但在父母看来，几十元钱的鞋子怎么能跟2000元的鞋子比呢？

但是，孩子就是喜欢。

这就是父母与孩子沟通时存在代沟的一种表现。在父母看来，明明是很有价值的东西，但在孩子看来却可能一文不值；父母觉得有些事是为孩子好，但孩子却丝毫不领父母的情。可见，要想与孩子实现良性沟通，父母就不能只站在自己的角度考虑问题或为孩子做决定，而是要多与孩子商量，最终让孩子自己来做选择、做决定。

英国教育家斯宾塞曾说过，要少对孩子下命令，命令只有在其他方式不适用或失败时才用；也要少为孩子做决定，如何决定应该是孩子自己的事，而不是父母的事。要像一个善良的立法者一样，不会因为去压

迫别人而高兴，而会为用不着压迫而高兴。

人与人沟通时，相互商量是非常重要且必要的，这会让彼此都感受到来自对方的尊重，而尊重是人类较高层次的精神需要。一旦这种需要不能获得满足，人就容易产生失望、沮丧等负面情绪。

孩子同样如此，也有被尊重的需要，而且随着年龄的增长，他的兴趣、爱好、交友等各方面与父母都可能有分歧。这时，如果父母仍然按照自己的要求来阻止或干涉孩子的兴趣、爱好等，就可能引起孩子的反感，让彼此沟通变得不顺畅。但如果父母能以商量的态度与孩子沟通，取得孩子的同意和认可，孩子就会获得被尊重的感觉，遇到问题也更愿意与父母进行沟通。

所以，父母在与孩子沟通时，一定要尽量做到下面几点：

1. 孩子的事，一定要与孩子商量

随着孩子的成长，他逐渐有了自己的想法，这时，一些与孩子有关的事情，我们就要放手让孩子自己做选择。即便我们想提建议，也要用商量的方式，把自己的想法传达给孩子，让孩子自己思考后做出选择。比如，我们可以这样对孩子说：

"你现在是不是该写作业了？写完作业再看电视吧！"

"妈妈想给你报个辅导班，辅导一下你的数学，因为我感觉你最近做数学题比较吃力，你觉得怎么样？"

"明天早晨，妈妈希望你自己设置闹铃起床，因为你是大孩子了，得自己学着独立起来，你觉得可以做到吗？"

……

当然，孩子的答案也可能不是父母期望的，比如他不想现在关掉电视去写作业，不想上辅导班，不想自己设闹铃起床，这时，父母该怎么做呢？

有些父母此时可能就会很生气，开始用自己的权威来"压"孩子、数落孩子：

"赶紧把电视关掉，去写作业！"

"不报怎么办？数学成绩越来越差，我还不是为你好？"

"你都这么大了，还天天让爸爸妈妈叫你起床，太不像话了！"

……

结果，双方的沟通再次陷入僵局。

实际上，我们应该随时记住，孩子是家庭中的重要成员，遇到问题应该主动征求孩子意见，如果孩子表示反对时，我们应该心平气和地给孩子解释，争取得到孩子的理解，而不是强迫孩子服从，甚至斥责孩子。但如果孩子仍然不同意，我们也尽量尊重孩子的决定，再通过其他方式与孩子沟通这些问题，以求达成共识或找到更好的解决途径。

2. 用协商的方式来处理与孩子之间的矛盾

当父母与孩子之间出现矛盾或冲突时，一些父母就开始恼怒于自己的权威受到挑战，于是试图用权威来压制孩子，让孩子服从自己。但孩子不仅不会因此而听从父母的意见，还可能产生强烈的逆反心理，导致亲子间的关系恶化。

在这种情况下，聪明的父母不会用硬碰硬的方式来"镇压"孩子，而是会运用协商的方式与孩子沟通，让孩子体会到父母对他的尊重，体验到彼此人格的平等。比如，父母会这样对孩子说：

"你是我们家庭中的一员，我们应该再耐心地讨论一下这件事，你觉得怎么样？"

"既然我们的观点不一致，那么我们就分别来分析一下，我们的观点为什么出现分歧，好吗？"

"你这样说也很有道理，那我再来说说我的观点，好吗？"

"这一点你说得很对，我支持。下面可以听听我的意见吗？"

……

当矛盾发生时，每个人都很在意自己的尊严，不希望自己被别人压制、说服，孩子同样如此。但如果我们能放下父母的权威，用协商的方式来讨论问题、处理矛盾，不管孩子的观点是对是错，都给予他表达的机会，孩子也会更愿意接受父母的建议，并努力与父母达成共识。

总之，遇到问题或出现矛盾时，多与孩子商量，而不是一味地命令孩子、斥责孩子，给予孩子一些可以自己做选择的机会，是父母应该具备的重要的爱的能力。这并不是对孩子的迁就，也不是对孩子的纵容，而是与孩子和谐相处、实现良性沟通的有效途径。

学会交换立场，用利他思维与孩子沟通

我们在与孩子沟通时，经常习惯性地使用"我希望……""你给我……""你要是听我的话……"等语句。这些语句大多数时候都是父母对孩子的命令、要求等，一味地希望孩子能够按照大人的想法和意愿来做事。可是，父母有没有想过，孩子真正需要的是什么？他们的真实想法是什么？

很显然，父母习惯于用成人的思维去思考问题，而孩子的思维却非常简单，思考得不全面，加上生活经验少，所以难免会与父母的观点、想法等产生分歧。于是，一些矛盾就这样产生了。但如果父母学会交换立场，用一种利他思维来关注孩子所关注的东西，满足孩子的心理需求，就会发现，与孩子之间的沟通并没有那么难。

一位妈妈带着7岁的儿子在外面散步，忽然，儿子指着一辆刚刚从他们身边驶过的汽车，大声喊道："妈妈你看，那是上海的车！"

妈妈顺着儿子手指的方向看了一眼，确实是一辆车牌以"沪C"开头的车，但就算不在上海，在其他城市看到上海的车也没什么奇怪的，于是妈妈就不以为然地说："这有什么大惊小怪的，现在每个城市都能看到其他城市的车呀！"

妈妈刚说完，儿子脸上的兴奋劲儿一下就消失了。

　　案例中的妈妈，就是在用成人思维来与孩子交流。实际上，孩子可能根本不懂得这个车牌的含义是什么，只是刚刚知道"沪"这个字代表上海，所以在马路上看到带有"沪"字的车牌时，才会惊喜地指给妈妈看。

　　如果这位妈妈换一个角度来与孩子交流，比如这样说：

　　"噢，你看到这个字，是想到上海这个城市了吗？"

　　"你竟然认识'沪'字了？那你还知道其他简称代表哪个城市吗？"

　　这样，才是真正用利他思维在与孩子交流，孩子也会变得更加积极。如果妈妈再和孩子一起找一找其他车牌上的字，孩子的学习热情马上就会提上来。

　　其实我们可以想象一下，当一个7岁的孩子，能够凭借自己学到的知识认出"沪"字代表的是上海的车时，他内心是多么兴奋；但受到妈妈的漠视和打击后，他的内心又是多么失落。如果妈妈能够理解自己所说的意思，并愿意跟自己一起继续寻找其他车牌上的字时，孩子又是多么开心！

　　所以说，孩子有自己的思维世界，只是因为他的认知能力有限，有时才会说出或做出让我们感觉大惊小怪的话或事。但如果我们能与孩子交换立场，用他的思维来看待问题的话，会发现孩子根本没有那么难以沟通。

　　要学会与孩子交换立场思考问题，我们不妨在下面几方面多加注意：

1. 努力体会孩子当时的内心感受

有些时候，当孩子出现情绪问题时，比如受了委屈、遇到困难等，就会很难过，这时一些父母就会轻描淡写地对孩子说：

"多大点事啊，没关系的!"

"男子汉，坚强一些!"

"这没什么大不了的，你不用放在心上。"

"别哭了，下次做好就行了!"

……

这样，孩子不但没有因为父母的安慰而真的好起来，反而更伤心、更难过了。

面对孩子的这些状况，我们首先要做的就是站在他的立场、用他的思维去思考问题，体会他当时的内心感受。很明显，孩子此时一定是难过的、伤心的、委屈的，那么我们就承认并接纳他的这些情绪，这样对孩子说：

"你的朋友不理你，你很伤心对吗?"

"如果这件事发生在我身上，我也会像你一样难过，所以我很理解你。"

"你当时一定很尴尬，老师当着那么多人的面说你。"

……

这时，孩子就能从父母身上找到共鸣，情绪也会逐渐稳定下来。当孩子度过这个情绪期之后，父母再和孩子去分析、解决问题，也会变得更加容易。

2. 放下成年人的成见

我们都知道这样一个道理：站在不同的位置，就会看到不同的风景；处于不同的立场，也会产生不同的想法。

这个道理在我们与孩子身上同样适用。作为成年人，我们看待问题的角度和观点肯定与认知能力不强、涉世未深的孩子不同，所以，当我们与孩子之间出现矛盾时，也不要用成年人的思维与成见来要求孩子，而应迅速转变角度，以孩子看世界的眼光和思维去看待彼此间的问题，这样才能有效地解决问题。

比如，孩子明明有很多玩具了，但看到一个自己没有的，就想买回来。但我们的想法往往是："你已经有那么多玩具了，不要再买了！"而孩子的想法却是："这个玩具好有趣，我没有玩过，我要买回去玩一玩。"你看，这就是彼此间矛盾的根源。

所以，如果父母想真正地解决问题，实现与孩子的良性沟通，就要先了解孩子的真实想法，再从孩子的角度去考虑如何解决眼前的问题。这样，父母才能赢得孩子的信任与合作，拉近与孩子的距离，让他体会到被理解、被重视的感觉，继而再去纠正他的不当行为。

做好自我管理，为彼此沟通注入强心剂

曾经有一部经典的美国家庭教育喜剧，叫作《成长的烦恼》。

这部剧的主人公是杰森夫妇和他们的三个孩子：女儿卡萝尔、大儿子迈克和小儿子本。在这个家庭中，杰森夫妇从来不向孩子们摆架子，对待三个孩子一直都很友好、尊重。虽然难免有烦恼和各种意外，但一家人仍然其乐融融，非常快乐。

卡萝尔是个聪明好学的小姑娘，父母都以她为荣。当卡萝尔表示自己想要跳级升学时，杰森夫妇既没有盲目地高兴，也没有用大人的经验来指导她，而是非常认真地坐下来跟女儿讨论，再引导女儿自己做出正确的选择。

迈克是个顽皮的小家伙，经常惹是生非，做出一些让人意想不到的事情，让杰森夫妇很头疼。但是，他们不会斥责、批评甚至打骂迈克，而是坚持给迈克机会，鼓励他自己做决定。

本的年龄最小，也是个小机灵鬼，经常产生一些稀奇古怪的想法，但杰森夫妇给予他的仍然是和谐友好的态度，平静地与他沟通问题，鼓励他要独立去做事。

英国教育家斯宾塞曾说："沟通不是在任何人之间都能实现的，父母只有放下架子，做孩子的知心朋友，才能实现最成功的沟通。"

实际上，很多父母与孩子的关系势如水火，沟通不畅，这完全是由

父母自己造成的。因为父母在与孩子沟通时，喜欢凌驾于孩子之上，只希望孩子能听自己的话。自己说对了，孩子要听；自己说错了，孩子还要听。孩子很小的时候，缺乏主见和认知能力，可能会听从父母的指挥；但随着他们慢慢长大，自我意识和认知能力增强，再用这样的态度与孩子沟通，孩子就会渐渐不服气了。

由此也可以看出，想要与孩子构建良好的关系，实现良性沟通，父母就一定要改变自己的态度，管理好自己的情绪，远离下命令、提要求，甚至批评、指责等沟通方式，带着理解、尊重、信任以及善于共情的态度，去与孩子真诚、耐心地沟通。哪怕孩子确实犯了错，也不要直接用斥责甚至打骂的方式来教训孩子，而应先听听孩子的解释，找到孩子犯错的原因，打开孩子的心结。父母只有先弄清问题的根源，才能找到解决问题的方法，而不是只看问题表面就粗暴地下结论。只有这样，才能有的放矢地引导孩子朝着更好的方向发展。

1. 态度对了，沟通就顺畅了

"你这是什么态度？"

当别人对你说话的态度不好时，你是否也会这样责问对方？然而作为父母，我们在与孩子沟通时，是否也问过自己同样的问题呢？

相信很多父母都没有反思过这个问题，相反，却经常对着孩子这样说：

"你这是跟父母说话的态度吗？"

"你怎么能这样跟我说话？"

"你这是跟谁学的，跟父母说话这么没礼貌？"

……

殊不知，孩子跟父母说话的态度，可能就是因为父母曾经那样与他说话。孩子的模仿能力极强，尤其受父母影响最为直接，如果父母经常与孩子这样对话，那么孩子就会把这种对话返还给父母。所以现在，你知道孩子这样说话的根源了吧？

要避免这种情况发生，我们就要在日常与孩子相处时调整好自己的态度。如果父母能保持温和、宽容、诚恳、幽默而平等的态度与孩子说话，孩子就会获得心理上的安全感和宽慰感，紧张的神经也会渐渐松弛。而当孩子的情绪稳定后，其与父母说话时也会变得平静、温和，对父母提出的建议也更愿意接受。

2. 与其命令孩子，不如积极地暗示孩子

著名教育家陈鹤琴在其著作《家庭教育》一书中，讲述了发生在自己与孩子之间的一件事：

一天，陈鹤琴的儿子拿着一块破烂的棉絮裹在身上玩。陈鹤琴看到那块棉絮很脏，就想让儿子丢掉。可他刚要开口，忽然想到，自己该命令孩子马上丢掉，还是直接把棉絮夺走，或者用其他东西代替一下呢？

考虑了片刻，陈鹤琴就对儿子说："我发现这个很脏、有味道啦，我想你一定不喜欢，你平时都很喜欢干净的，去拿一块干净的玩好不好？"

孩子听了，立刻把身上的破棉絮丢掉，高高兴兴地去找干净

的了。

之后，陈鹤琴就这件事还总结了一段话："无论什么人，受到激励而改过，是很容易的；受到责罚而改过，是比较难的。小孩子尤其喜欢听好话，不喜欢听恶言。大多数做父母的，看到小孩子玩很脏的东西，就自然而然地去把东西夺过来，还会骂他，甚至还要打他。其结果是，小孩子改过的少，而怨恨父母的多；即使不怨恨父母，至少也不一定喜欢父母了。"

可见在很多情况下，父母用粗暴的命令、指责去跟孩子说话，孩子即使当时听话了，也很容易形成与父母间的对立；相反，用一种积极的暗示去与孩子沟通，说孩子喜欢听、爱听的话，孩子反而会主动纠正自己的错误。

3. 重视言传身教，做好孩子的榜样

家庭是孩子人生的第一课堂，孩子在这里生活、成长，习惯、性格、是非观念等也都在这里养成。所以，父母的言行举止、为人处世的原则等，也将会影响孩子的一生。

俗话说："喊破嗓子，不如做出样子。"在家庭当中，父母怎么说、怎么做，都会直接成为孩子效仿的对象。同时，父母用什么样的语气与孩子说话、沟通，孩子就会用什么样的语气来回答父母。如果父母平时习惯用刻薄、粗暴的方式与孩子说话，孩子也会变得刻薄、粗暴；相反，如果你为人处世和风细雨、礼貌有加，那么孩子也会像父母一样，与人交往、沟通时慢声慢语、彬彬有礼。

　　所以人们常说，你希望别人怎样对待你，你就怎样对待别人。在家庭教育上，这句话同样适用，父母希望孩子成为什么样的人，父母就努力做一个什么样的人。只有父母能够身体力行地为孩子做榜样，抛弃暴力的沟通方式，用孩子喜欢、接纳的方式与其沟通，这种无穷的力量才会更好地滋养孩子，引领孩子朝着你期待的方向成长。这要比父母用苍白的说教、粗暴的指责、大声的命令来教育孩子的效果好出千百倍。

以信任培育自律的孩子

孩子小时，父母的爱犹如鸡妈妈的羽翼，但随着他渐渐长大，这个羽翼的作用也就慢慢减弱，他需要更加自由的无须父母搀扶的空间。如果说最初的羽翼有保护也有限制，而逐渐长大的孩子则需要更多的信任与自由，这样，孩子才能逐渐从依赖走向独立，从被父母监督蜕变为自我管理。

与很多小孩子一样，女儿从小就爱吃棒棒糖，为此，我专门准备了一个铁罐子来给她装棒棒糖。当然，与很多父母一样，为了防止蛀牙，我严格规定女儿每天只能吃一个棒棒糖。

很快，这种规定就失效了，她常常趁我不注意，自己打开罐子偷棒棒糖吃。怎么办呢？我最终决定将铁罐子放在她伸手也够不到的冰箱顶部。即便如此，女儿还是用了我不知道的一些办法够到了铁罐子，并且为防止我发现，还自作聪明地将罐子放回原处，以为我完全不会注意里面剩余棒棒糖的数量。

这样的方式似乎不能解决根本问题，我决定采取另外一种从未尝试过的方法。一天，我对女儿说道："我最近经常加班，不能每天都想着帮你去取冰箱上的铁罐子给你拿糖吃，所以我准备让你自己看管这个铁罐子，自己拿棒棒糖吃。"

"真的吗？"女儿眼睛一亮。

"真的！现在咱们查一查还剩多少个棒棒糖，算一算如果每天吃一个，具体能吃到哪一天，如果到了那一天你刚好吃完了，我就再重新买给你，装好新的一罐子。"说完，我将铁罐子交给女儿，让她自己去数。

"还有15个，应该正好是到这个月的30号，就都吃光了。"女儿查完棒棒糖数量后，认真地告诉我。

"好的。那接下来的时间里，你就要自己按照每天一个的约定去做啊，慢慢就让你自己来掌控这件事了哦。"我以无比信任的眼神看着女儿，这样说道。

接下来的几天里，我装作忙碌的样子，完全不在意女儿的一举一动。我有一丝忐忑，但更愿意信守自己和女儿之间的约定，当我这份发自内心的信任之感升起时，我觉得我与女儿日常的沟通也有了某种不同。

月末的那一天，我买了一些新的各种口味的棒棒糖，回家打算看看女儿那边的情况。刚刚一进门，女儿闻声跑了过来，向我举起空罐子，说道："我一天吃一个，今天刚刚好吃完，你按照约定给我买新的棒棒糖了吗？"女儿看着我问道。

我从包里取出装着棒棒糖的袋子，各种款式的棒棒糖一下子吸引了她，她接过袋子，说道："谢谢，我决定两天吃一个，这样对牙齿好，而且我还可以节省很多棒棒糖呢！"

听到女儿的回答，我十分高兴，这种因为我的信任而投射到孩子身上所形成的自律，远远超出了我的预期，看来我的尝试是成功的。

后来女儿告诉我，实际上，她有几次都忍不住去提前取出棒棒糖，甚至想着今天吃两个，明天不吃，然后后天再吃一个的方式也可以，但最后她觉得会辜负对我的信任，"忍痛"制止了自己的行为。

我们想让孩子做好某件事，一定要首先相信孩子能够做到，这份信任感孩子会有感知，会因此激发出他的自尊心和责任感。而为了不辜负这样的信任，他会以严格自律的方式作为对父母的回报，即使过程中有所犹豫、打了折扣，他也会不断矫正，坚持正确行为，以更好的状态来面对家长的信任。

事实也证明，一旦这件事他做到了，他就会更加自律，更加以遵守约定作为赢得自尊的一种方式、一个机会，并且乐此不疲。

邻居丹丹妈妈在听了我的方法后，决定以此解决孩子写作业难的问题。但是两周后，丹丹妈妈抱怨说："很奇怪，怎么就没有作用呢？是不是孩子和孩子就是不一样啊？"当我仔细和她复盘前后尝试细节后，我发现了问题所在。

丹丹妈妈口头上对孩子说把写作业的主动权交给孩子自己，但是从孩子放学进房间，到吃饭、上厕所的各个环节，她的嘴上不提写作业的事，眼睛却始终紧紧锁定在孩子身上。她甚至会趁孩子不注意，私下打电话询问具体作业情况，然后在孩子睡着后，再逐一掏出各科作业本进行核对。

我告诉丹丹妈妈，孩子对父母的一举一动都极为敏感，嘴上不说，但是我们的一举一动他都能感应得到。

有一次，丹丹妈妈发现丹丹作业没写完就出去玩了，气得她浑身发抖。孩子刚一进屋，丹丹妈妈就将作业本扔在孩子脸上，批评孩子欺骗自己。结果孩子也很委屈，认为自己压根没有主动权，还是被妈妈监督作业，妈妈根本就是不信任自己。

丹丹问妈妈："既然你把主动权交给了我，那我就能安排什么时候做作业。当我决定出去玩时，是我和同学约好了还有其他紧急的事情要做，我可以合理安排时间来完成作业，我是按照我自己的计划进行的，你为什么要横加干涉呢？"

丹丹妈妈被问得无言以对，毕竟最早提出给孩子主动权的是自己。孩子说出了问题的根本所在，也是我最想告诉丹丹妈妈的，那就是：当你想激发孩子的自律，但又不能对孩子抱持信任时，孩子会对父母的话产生怀疑，认为自己的主动权受到了破坏和质疑，会有不被尊重的感受。

渴望被尊重是人的天性，而不信任是对他人不尊重的典型表现。父母的信任能够让孩子相信自己可以做到，并在行为上形成自律。相反，父母的不信任，会让孩子怀疑自己的能力，认为自己做不到，并且放松对自己的要求。

而一个从小就没有机会掌控自己的孩子，也很难学会自我控制。所以，我们不要再做孩子的监控者了，将属于孩子的自主权利交还给孩子，并给予孩子充分的信任。也正是因为有了这样的信任，孩子才会有真正意义上的自律。

没错，自律源自我们对孩子的信任，而信任也恰好支撑起了孩子的自我约束。

陪伴和交流：开朗的孩子不自卑

新年伊始，大家都还沉浸在过年的快乐中，朋友家的孩子晴晴却被确诊为孤独症，值得庆幸的是程度较轻。朋友一遍又一遍地叨咕着"孤独症"几个字，眉头皱成了一团。"我的孩子怎么会是孤独症呢？她成天活蹦乱跳的，小眼睛骨碌骨碌转得比谁都快……"

"孤独症并不代表孩子的身体和智力有问题。"我打断了朋友的话，"晴晴最大的问题是，她不会与人交流。"其实晴晴的问题，早在晴晴2岁左右的时候就出现了端倪。那时候，两个孩子一起玩儿，女儿总是很想与晴晴搞好关系，但是晴晴的眼中，却丝毫没有我女儿的存在，一直在自顾自地玩耍。

分开时，女儿懂得与叔叔阿姨说再见，但是当我拉着晴晴的小手，跟她说再见的时候，她的眼睛却不知在看向何方，也丝毫不理会我所说的话，更不要说跟我说再见了。我曾委婉地跟朋友提起孩子的问题，但是朋友却丝毫不以为然，总认为是这个年龄的孩子贪玩所致。我时常劝说他们与孩子多交流，但是效果甚微。

朋友和他的妻子都是外地人，两人孤身在城市中打拼，身边没有亲戚，只有零星好友。妻子怀孕后，朋友就独自肩负起了生活的重担。几乎每一个到过朋友家去的人，都不敢相信，他家有小孩儿，并且是妈妈一个人带孩子，因为他们家实在太整洁太干净了。

朋友的妻子是个过分勤快的人，在别人只带孩子都忙得手忙脚乱的情况下，她不但要带孩子，还要买菜做饭收拾家，几乎孩子刚刚将家里某一处弄脏弄乱，她就在第一时间收拾干净了。所以，她几乎没有时间与孩子做游戏，甚至说说话。大部分时间，晴晴都是一个人躺着，会坐以后，就是一个人坐着，会爬以后，就被妈妈用一根绳子拴在腰间，然后在固定的区域里爬来爬去……

晴晴1岁的时候，别人的小孩儿已经会说"爸爸""妈妈"等简单的词语了，晴晴还是一声不吭，着急了只会"啊啊"叫，或是大哭。2岁的时候，晴晴依旧不会叫"爸爸""妈妈"，并且也不会听从大人的口令，除非是她自己想去做的事情。3岁的时候，倒是会喊"爸爸""妈妈"了，但是也只有在自己想说的时候才说，更像是在自言自语。送到幼儿园，老师以孩子不会说话、不听老师话为由拒收。此时，夫妻俩才意识到孩子可能有问题，于是开始费尽心机地教孩子说话，可令他们崩溃的是，孩子根本不听他们说话。

缺少陪伴和交流，是孩子性格孤僻的主要原因。

另一个离异的朋友阿红，为了能够给孩子更好的物质生活，将2岁的孩子送往老家由父母照看。她原本以为自己坚持每天给孩子打电话、视频就可以，只要坚持一年，她就把孩子接回身边上幼儿园。但令她没有想到的是，当她半年后回到老家时，孩子仿佛变了一个人。见到她，只是呆呆地看着她，既不喊"妈妈"，也不要她抱。她与孩子说话，孩子只会往角落里躲。晚上躺在床上睡觉时，孩子说什么也不肯闭眼，她一遍又一遍地讲故事，直到夜里十二点多，孩子困得上下眼皮直打架。"你是不是怕一闭上眼睛，妈妈就不在了？"终于，朋友问道。孩子点点头，随即进入了梦乡。那一晚，阿红哭得不能自持。她没有想到，仅仅六个月的分离，就让她和孩子之间仿佛隔了一道"沟壑"。天亮后，她做出了一个决定，就算是再难，她也要将孩子带在身边。

心理学专家李子勋所著的《家庭成就孩子》一书中有这样一句话："孩子1岁以前，母亲有三个行为是别人不能代替的：一是哺乳，二是依偎着孩子入睡，三是和孩子亲密地喃喃细语，这是母亲的责任。"

是的，哺乳和陪睡，是母亲必做之事，而宝贵的交流却被忽略掉了，一来大人认为孩子不会说话，与孩子交流无异于"对牛弹琴"；二来对于工作繁忙的母亲而言，哺乳和陪睡已经占据了大部分时间，哪里还有时间陪着孩子喃喃细语呢？我们不与孩子交流，孩子就学不会交流，不会与人交流，便形成了孤僻的性格。

心理学家指出，一天中与父母亲接触不少于两小时的孩子，比那些一周内接触不到六小时者智商要高。所以，我们要少花一些时间玩手机，多花一些时间陪陪孩子。当然，与孩子玩耍也是一种能力，但只要用心，日常生活中的一些行为，都能够成为有趣的游戏。

比如有时候我下班回家，会一边敲门一边对她说："大灰狼来了，小兔子开开门！"有了大人的"引导"，孩子会很快"入戏"，跟大人玩表演游戏！

天气好的时候，我会带着女儿到大自然中玩耍，主要是让孩子在接触到更多的花草树木的同时，也给自己创造出更多与孩子的交流机会与陪伴空间。

当然，陪伴和交流会消耗一定的时间和体力，但这却是让孩子性格健康、活泼开朗最有效的途径。那些自我、孤僻、古板且封闭的孩子怎么可能健康面对人与人之间的关系问题呢？又怎么可能不自卑、懦弱、敏感、多疑呢？

想一想，我们对孩子的高质量陪伴和交流将带来什么样的变化，这一切付出就特别值得。趁现在还来得及，放下手机和游戏、处理好工作事务，投入这样的亲子关系当中吧。